봄날은 지금이니까

전애옥 수필집

도서출판 **코레드**

프롤로그

 어린 시절 엄마는 푸념처럼 고생한 이야기를 자주 하셨다. 우리 남매들은 엄마 말을 귓등으로도 안 듣고 알고 싶어하지도 않았다.

 그런데 나이가 들면서 엄마의 젊은 시절이 알고 싶어졌고, 어려운 살림과 힘든 일들을 어떻게 헤쳐 왔는지 문득 궁금해졌다. 만약 엄마가 살아 계신다면 살아온 세월을 모두 다 듣고 글로 옮겨 쓰고 싶어졌다. 지금 나의 자식들도 어릴 적 나처럼 내 얘기엔 관심이 없고 들으려 하지도 않는다.

 그러나 언젠가는 내가 살아온 날들을 궁금해 하리라 생각하며 틈틈이 글을 쓰기 시작했다.
 시간 날 때마다 일상의 일들과 고단했던 날들을 글로 옮겨 '봄 밭에 서면' 책을 출간하고 2년 후, 두서없지만 그간 써온 것들을 다듬어 본다.

먼 훗날 자식들과 손주들이 나의 책을 읽어주길 바란다. '혹시, 머리를 끄덕이며 읽진 않을까?' 하는 작은 소망을 담아보았다.

누군가는 나의 소소한 문집을 재미있게 읽어주리라 상상하며...

을사년 7월이 가기 전에

전애옥

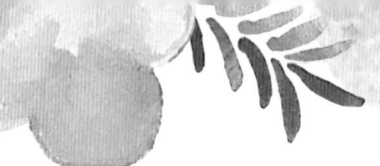

차례

프롤로그	4
언니의 봄날은 지금	11
옹알이 효도	15
결혼기념일	20
동화 속 자장가	24
예전엔 그랬었지	29
게스트하우스	33
손자들	37
베트남 다낭에서 손녀와	44
어느 봄날의 칠순	55
달라진 세상	60
아버지가 남긴 돈	64
아버지의 사랑	71
나도 엄마처럼	77
연탄 닮은 모습으로	81
호주에서 일주일	86
썬글라스	96

나훈아 콘서트	100
한옥에서 돌사진을	103
엄마의 위로	108
곤지암 화담숲	112
겨울엔 겨울이가 그립다	116
옛날과 현재의 애경사	122
어떤 횡재	126
복덩어리 딸	128
영화관에서 생긴 일	131
고집과 자존심으로	134
해장국 손님	137
조카네 집들이	141
나태주시인 문학관	146
커플옷을 입고	148
엄마와 베지밀	150
며느리 살이와 시어머니 살이	152
동창회	156
가족들과 일본 여행	161
외손녀와 나들이	166

봄날은 지금이니까

전애옥 수필집

언니의 봄날은 지금

꽃보다 아름답던 둘째 언니가 팔순의 나이가 되었다. 손끝에 봉숭아 물들여주던 자상한 엄마 같은 언니였다. 아련한 추억으로만 남겨두고 싶은 언니는 지팡이를 의지해야만 걸을 수 있는 노인의 모습으로 세월 앞에 서 있다.

언니는 국민학교 시절부터 다섯 동생을 거두어야 했다. 아무런 죄책감 없이 엄마는 언니에게 희생을 강요했다. 작은언니에게 동생을 맡겨 놓고 당신의 할 일만 하신 것이다. 언니는 엄마처럼 올망졸망한 다섯 동생을 묵묵히 알뜰살뜰 보살피며 키워냈다.

꽃처럼 예쁘던 스무 살 즈음엔 친정집을 떠나 인상도 푸근한, 언니를 감싸줄 것 같은 남편을 만났다. 그러나 넉넉지 않은 시골 시댁엔 친정 동생들 나이만 한 숫자의 시동생들이 또 기다리고 있었다. 줄지어 뚝방집 있던 아래, 시댁과 합가하면서 살던 집으로 시집을 갔다.

언니는 아름다운 시절을 피워내지 못하고 시든 꽃처럼 무거운 짐을 견뎌야 했고 충실하게 누구에게도 말없이 묵묵하게 살아냈다.

어려운 생활 속에서도 언니는 또 다른 짐을 만나야했다. 1남 3녀를 낳아 등에는 무거운 짐을 벗을 날이 없었다. 긴 세월을 허둥거리며 지난한 삶에 젊음을 바쳤다. 아예 언니에게는 젊음이 없었던 것 같다.

자식들을 결혼시켜 놓고 한숨 돌릴 사이도 없이 손주들이 줄을 서서 언니의 손을 기다리고 있었다. 그 자식들의 손주들이 언니의 손끝에서 다 자라고 나서야 짐을 내려놓고 홀가분한 몸이 되었다. 아~~이제는 편하게 자유롭게 쉬고 싶다.

하늘을 나는 새처럼 훨훨 마음껏 자유롭고 싶어 휴~~하고 큰 숨을 내쉬었을 것 같다.

그러나 그 꿈마저 허락하지 않는 언니의 노년이 지금이다. 날개 꺾인 새처럼 자유를 잃은 몸으로 노년을 보내게 되었다. 지팡이에 의지한채 엉거주춤한 모습은 tv 프로에 나오는 엄마의 봄날 주인공을 닮은 모습이다. 몇 발자국만 걸어도 십리쯤 걸은 것처럼 숨을 헐떡이고 주저앉고 싶은 몸이 되고야 말았다.

없는 살림에 몸이 휘어지도록 키워낸 자식들은 많은 나이가 된 언니를 보여주듯, 조카들도 중년의 나이가 훌쩍 넘어 환갑이 되어간다.

조카들은 엄마의 고생을 알아주듯 세상 속에서 열심히 살아낸 대가로 아쉬울 것 없이 살며 성실한 사회인으로 잘살고 있다. 언니는 큰 보상을 받은 듯 흐뭇한 마음이다.

마음은 소녀지만 팔순인 엄마를 위해 조카들

은 대식구들을 이끌고 제주도 여행을 떠났다.

 엄마를 축하해주려 아낌없이 푸짐하게 차린 잔칫상은 누구보다 큰 공을 들였다. 마음껏 축하를 해드리는 것으로 엄마의 마음 곳간은 가득 채워졌을 것이다. 언니는 늘 기도하고 있으리라.
 내 자식들이 자나 깨나 어려움 없이 잘 살 수 있게 지켜달라고, 눈뜨고 감는 그 시간까지 애절한 마음으로... 자식에 대한 사랑은 어떤 부모에게도 지지 않을 것 같다는게 동생인 나도 느껴진다.

 내 나이 칠십을 바라보며 언니보다 아직은 젊기에 언니의 말벗이 되어준다. 만날 때마다 버팀목처럼 언니가 의지할 수 있게 손을 잡아드리고 싶다. 언니의 팔순 잔치를 끝내고 돌아오며 든든한 자식들과 사위, 며느리, 손녀, 손주들까지 대대로 긍정의 힘으로 키워낸 언니의 노고가 반짝반짝 빛나는 것 같았다. 오래오래 언니가 행복기를 바라며 여행을 마치고 돌아왔다.

옹알이 효도

늦은 저녁 가족 단체 카톡방에 톡이 울린다. 남편도 나도 분명 백일이 돌아오는 손녀딸 톡이려니 짐작하니 미소가 절로 난다.

손녀의 방긋거리는 모습에 금방 우리 부부 얼굴이 달빛처럼 환해진다. 할 일 없이 무표정한 일상을 바꿔줄 수 있는 것은 손주들의 웃음과 재롱이 최고라 생각한다. 오늘도 옹알이 무기 앞에 꼼짝없이 쓰러지는 남편의 모습이 보기가 좋다.

친손주가 처음 태어나던 날에도 핸드폰에 담고 온 손주 사진을 백번은 여닫으며 마냥 행복했었다. 고단한 식당 일도 끄떡없었다. 친손주들은 십 년 동안 온갖 기쁨과 행복을 안겨줘서 고마웠다. 아이들이 효도하는 시기는 태어나서 오 년?

동안 평생 할 효도를 다 한다고 한다. 손주들은 점점 자라며 핸드폰에 빠지고, 해야 할 숙제들이 늘어나고, 친구들과 어울리느라 더 이상의 곁을 바랄 수가 없게 되어간다.

게임에 한창인 손주들을 보면 가까이 지내려 하는 나의 모습이 마치 눈치 없는 노인 같아 보이지 않을까? 하는 생각에 빠져들기도 한다. 이젠 아들네 집에 가면 손주들보다 까만색 강아지 먹구가 격하게 반긴다. 아마도 부모에게나 우리에게도 효도의 유통기한은 끝난 것 같다.

내 자식들을 키울 땐 예뻐하고 다독여줄 여유가 많이 없었다. 부모 앞에서는 예쁘다는 표현조차 할 수 없던 시절이었다.

어쩌다 예뻐서 어르고 달래다가도 어른들과 눈이 마주치면 얼른 딴청을 부리기도 했다. 그것이 예의범절을 잘 지키고 효도라고 생각했던 시절이었다. 그래서인지 자식들을 예뻐하는 티를 내는 것은 어른들 앞에서는 버르장머리없는 행동이라 여겼다.

지금의 자식들은 어떠한 눈치도 신경도 쓰지 않고 온종일 예뻐하고 쪽쪽 빨고 뽀뽀도 한다. 동영상을 찍어서 퍼 나르며 예쁜 짓 하는 모습을 바로바로 받아 볼 수 있게 핸드폰에도 올려준다.

세상이 너무 좋아졌다. 옛날에는 아들을 낳아서 친정집에 데리고 가도 친정에서 해줄 수 있는 여유가 많이 없었다. 큰맘 먹고 장만해주던 물건 중에 하나는 애를 업을 수 있는 포대기였다. 애를 낳아 친정 다녀오며 빈손으로 들어가면 시댁 보기에 면목이 없으니 제일 좋아 보이는 비단을 닮은 나이론 포대기를 사줬다.

남자아이는 파란색으로 여자아이는 빨간색으로 사주면 시댁에 가서 어깨를 펴고 당당하게 들어가라는 무언의 메시지 같은 거였다. 아주 오래전 얘기 같지만 그런 시절이 있었다.

지금의 손주들은 신문물이 차고도 넘친다. 모든 게 아이도 엄마도 최대한의 편리함으로 준비가 되어있고 쾌적한 환경에서 아이들을 공주처럼 왕자처럼 키운다. 젖을 먹여도 분유를 먹여도 옆구리가 결리지 않도록 편한 의자나 쿠션이 있으니 그야말로 예전과 달리도 너무 다른 풍경이다. 우리 때는 방바닥에서 젖을 물리고 나면 옆구리가 쑤시고 등짝이 몹시도 아팠다. 화장실도 재래식이라 아이들을 두고 마음 놓고 갈 수도 없었다. 엄마와 떨어지지 않으려는 애기 때문에 안절부절, 발을 동동거리며 육아를 했다.

어디 한번 외출하려면 애기는 업고 기저귀 가방을 챙겨 들고 몸이 바빴다. 남편들은 좋은 힘을 아끼려는지 육아에는 모른 척하기도 했다.
맨손으로 앞장서서 걸었다. 기저귀 가방 한 번 들어주면 크게 체면을 깎는 일인가, 마음은 있었어도 행하지 않았다. 여자들도 그것이 당연한 거라 여기며 불평 한 번 못하고 살아왔다. 이렇게 세상이 바뀔 줄은 누구도 상상 못 했던 것 같았다. 하루 종일 애기를 혼자 본다는 독박 육아는 이제는 거의 사라지고 없다. 남편들은 바깥일만 잘했다고 큰 소리 치던 시대는 지났다. 요즘은 집안일도 정확히 나눠서 책임을 져야한다.

   외손녀가 태어난 지 석 달이 다가온다.
   보지 않고도 본 것처럼 동영상이 시시때때 날아 온다. 늦은 나이에 애를 낳은 딸과 사위는 딸바보가 되어 행복스러운 멘트를 샘솟듯 마냥 쏟아낸다. 옹알이를 시작한 손녀는 제법 옹알옹알 자신만의 언어로 엄마 아빠를 홀리고 있다.
   효도의 유통기간 안에 충분히 예뻐해 주고 눈에 담아두고 행복하기를 바란다. 효도 받을 기간은 짧지만, 자식들한테 받은 효도 값은 평생 치뤄야 한다는 건 알고 있는지...

   오늘도 딸과 사위가 달콤한 효도 옹알이 꿀단지에 빠져있다. 효도 받은 대가로 평생을 갚아야 할 빚쟁이가 된 자식들도 나와 같은 길을 밟아가고 있는 중이다.

결혼기념일

결혼한 지 47년이 되었다. 사는 것에 열중하느라 기념일은 무심하게 지나치는 게 다반사였다.

그런데 며느리가 들어 오면서부터 생일도, 결혼기념일도 차곡차곡 챙겨줘서 호강을 받는 날로 바뀌었다. 올해도 며느리는 잊지 않고 이벤트를 만들어 주었다. 며느리는 어떤 선물이 좋을까? 고민하다가 집에서 그리 멀지 않은 여행 장소를 찾아주었다. 의정부 동두천에 있는 일본식 니지모리 료칸을 가기를 권했다.

일본식이라 처음에는 왠지 망설여져 식구들끼리 밥이나 먹자고 했지만 며느리는 한사코 추억을 만들고 오라고 등을 떠밀었다. 남들이 즐기는 거 우리도 해보자고 둘이 예약된 장소로 점심 즈음에 길을 떠났다. 집에서 식당으로 동동거리며 살다가 밖에 나오니 기분이 좋았다. 가을이 무르익어가는 들판에는 들국화가 피고 단풍이 물들기 시작했다.

 료칸 입구에 들어서자 일본식 건물과 기모노 차림을 한 사람들이 벌써 여행을 즐기고 있었다. 료칸의 직원들도 기모노 차림으로 일본 사람을 닮은 행동과 말솜씨로 반겨주었다. 친절하고 상냥하게 숙소 안내를 해주고 차와 다과를 준비해주며 여러가지 설명을 해주었다.
 숙소를 들어가니 아기자기한 소품들이 방 곳곳에 정갈하게 배치되어 있고 깔끔하게 정돈된 침실에는 잠옷으로 입을 수 있는 유카타 기모노가 놓여 있었다.

 짐을 풀고 밖으로 나왔다. 주변을 둘러보니 오밀조밀 세트장처럼 꾸며진 모습이 얼마 전 여행을 다녀온 진짜 일본을 보는 듯 했다. 산속 깊은 곳에 잘 만들어진 연못가엔 가을꽃 국화가 손님맞이 일등 공신으로 분위기를 살려주었다.

산책길에는 기모노를 입은 사람들이 짝을 지이 다니고 나이 든 부부의 모습도 보였다. 젊은 사람들만 올거라 생각 했는데 중년 부인들도 더러 보였다. 대 다수 젊은이들이 추억을 만들고 일본 여행처럼 간단하게 다녀가는 곳인듯했다.

여러 가지 이벤트도 마련되었지만 우리 부부가 참가하는 게 쑥스러워 먼발치에서 구경만 했다. 내년이면 칠순인데 나이를 잊은 채 이리저리 눈을 돌려 젊은이들이 즐기는 행사에 기웃거리기만 해도 재미가 있었다.

밤하늘을 향해 쏘아대는 불꽃놀이는 결혼 기념을 축하해 주는 것 같아 주인공이 된 기분도 들었다. 젊은 신인 가수들 노래에 박수도 보내고 무르익는 가을 음악회에 시간을 보냈다.

산속에 가을밤은 추워서 얇은 옷을 가져온 걸 후회했지만 모닥불 앞으로 자리를 옮겨 앉으니 분위기도 좋고 추위를 잊을 수 있었다.

 마지막 가수의 노래를 들으며 숙소로 들어오는 길에 작은 연못에 소원 등 배 띄우기 이벤트가 진행되고 있었다

 마음속으로 온 가족이 건강하길 기도하며 방으로 들어왔다. 짧은 하루 속에 작은 일본을 체험하며 눈에 담고 온 가을 여행은 잊지 못할 결혼기념일로 기억될 것 같다.

동화 속 자장가

"옛날옛날 한 옛날에 할머니랑 할아버지가 산속에서 살았대. 그러던 어느 날 할머니 할아버지는 산에 나무를 하러 갔대. 열심히 나무를 하고 있는데 어디선가 호랑이 울음소리가 들리더래. 놀라서 나무 뒤에 숨어 몰래 지켜보니 호랑이는 아파서 '어흥 어흥 살려 주세요' 하는 것 같았대.

무서운 걸 참고 가까이 가보니 호랑이가 발을 보여줬대. 자세히 보니 발에 큰 가시가 박혀 있더래. 할아버지가 있는 힘을 다해 가시를 빼줬는데 호랑이가 연신 고맙다고 인사를 여러 번 하고는 사라졌대. 그리고 그 다음 날부터 할아버지네 집 앞에는 토끼랑 꿩을 호랑이가 자주 잡아다 줘서 할머니랑 할아버지는 고생 안 하고 잘먹고 잘살았대."

'착한 일을 하면 그쪽에서도 은혜를 갚는 거래요.'라며 옛날이야기를 수도 없이 들려주며 딸의 잠을 재웠다. 이 오래된 이야기는 사십 년 전 이야기다.

  늘 피곤하고 천식 때문에 힘들고 삶에 지쳐 있어도 작은돈이 되는 부업을 손에서 놓아 보질 않았다. 호기심이 많은 딸 아이는 한참 밖이 궁금할 때 문 앞에 서서 발을 동동 거렸다.
  좁은 방에서 딸은 세상을 보기 위한 탈출을 여러 번 시도 했지만, 밖을 쉬 내보낼 수가 없었다. 작은 발로 창문 너머 발돋움을 해보지만 큰 산 같은 대문이 나와 함께 딸아이를 가두고 내 일에만 열중했다.
  일하다 지치고 힘들면 잠시 자고 싶었지만, 딸은 잘 생각이 없었다. 궁금한 게 많은 딸아이는 구석구석 뒤지고 어지럽히가 일쑤였다. 그럴 땐 두 돌이 지난 딸을 부르며 이리 와 엄마가 옛날얘기 해줄게 하면, 딸은 반갑게 달려들어 무릎을

베고 내 얘기에 귀를 기울였다.

  나는 비몽사몽 졸린 눈으로 호랑이 이야기를 반복해주며 딸을 재우려 했다. 다음날도 그 다음날에도 호랑이 이야기는 계속되있다.

  아기를 재워놓고 내 할 일을 하려 했으나 아이는 쉬 잠을 자지않았다. 들어도 들어도 거부 하지 않고 너무도 좋아했다. 딸은 얼마 후 동화의 내용을 다 외워 버렸다. 내가 정신이 나고 안 졸릴 땐 되물으며 호랑이 발에 뭐가 박혔지? 그러면 아이는 가시 가시 하며 다음 거 물어보기를 기다리며 눈을 반짝 거렸다. 호랑이가 고맙다고 무엇을 잡아줬지? 토끼 토끼 꿩. 그렇게 나랑 딸은 힘든 시간을 옛날얘기를 주고 받았다.

  딸은 사십이 되고 나는 칠순을 바라보는 노년에 접어들었다. 지금 딸은 돌이 막 지난 예쁜 딸을 낳아 공주처럼 잘 키운다. 먹을 것도 입히는 것도 나무랄 데 없이 최고의 노력을 한다. 뭐든 계획대로 눈 뜨고 잠드는 저녁까지 잘 짜여 놓은 시스템대로 흐른다. 기계적으로 흐트러짐 없이 딸도 손녀도 어려움 없어 보인다.

　물질적으로 시간 적으로 얽매여 마음이 불안할 것도 없이 아침부터 저녁까지 순조롭게 잘하고 있다. 사위가 쉬는 날은 차 타고 유모차 끌고 멋진 풍경 즐기며 손녀는 자기 엄마가 누려보지 못한 호사를 다 누리는 듯 하다.

　딸은 자기가 못했던 어린 시절을 기억하고 있을까. 자기 딸에게 최선을 다하는 모습이 대견하다. 내가 들려주던 옛날얘기 대신 손녀딸은 단계적으로 책도 많고 동요도 귀에 쏙쏙 들어오게 일상처럼 틀어준다. 자는 시간에 맞춰 포근한 침대에 데려다주면 혼자 잔다.

　옛날처럼 재워주지 않고 잠자는 음악 틀어주고 폭신한 잠 자리가 있으니 보채지 않고 잘 자란다. 돌이 지나니 말귀도 알아듣고 꼭꼭 숨어라 하면 눈을 가리고 잘했다고 박수도 치라한다. 하루하루 성장하는 손녀딸 재롱을 보며 우리 애들

키울 때랑 가끔 비교를 해 본다.

  지금은 태교부터 시작해서 태어나면 바로 교육에 들어가고 여러모로 많은 신경을 써서 키운다. 우리 때 아기들 옷은 아가방이 최고였고 조금 자란 후에는 포키아동복이 인기였다.

  고급스럽게 키우지는 못했지만 지금은 잘자라 준 아들과 딸에게 미안한 마음도 든다. 지금 같은 환경이었다면 유모차 태우고 아기들이 좋아하는 이곳저곳을 데리고 다녀 보고 싶다.

  어려운 시절 제일 해 보고 싶었던 게 일을 접어두고, 세상을 마음껏 보여 주고 많은 이야기도 해주며 나도 아이도 여유롭고 행복한 시간을 가지고 싶었다. 그래도 내가 소원하던 많은 일들을 아들과 딸은 일상처럼 잘 즐기고 있으니 다행이라 생각한다.

  손녀가 말귀를 알아들을 때쯤 사십 년 전 그 옛이야기를 즐겁게 졸지 않고 맑은 정신으로 들려주고 싶다.

예전엔 그랬었지

'애미야! 할머니 힘드시다' 나보고 애를 받으라는 신호다. 조금 후 어머님이 애를 안고 어르고 달래고 흔들고 계신다.

시 외할머니는 당신 딸이 힘들까 봐 에미야! 엄마 힘들다. 나보고 애기를 다시 받으라고 하신다. 어머님은 당신 친정엄마가 힘들까 봐 날 보고 애를 받으라 하시고 시 외할머니는 당신 딸이 힘들까 봐 나를 재촉하신다.

어린 마음에 너무 서운해서 입이 삐죽 나오기도 했다. 나도 여덟 식구 밥 해 먹고 종일 빨래하고 쉴 사이 없었는데 애미야, 너도 힘들지? 잠깐 쉬어라, 하는 말씀은 없었다.

옛날엔 며느리들에게 배려가 부족했었다. 그

래서인지 스스로 눈치를 보게 되었다.

   예전엔 애기 하나 키우려면 몸으로 힘을 써야 했다. 안아주고 들어주고 흔들어주고 업어주고 바닥에 앉아 밥도 먹여야 했다. 빙수 기능 없는 천 기저귀는 오줌 한번 싸면 바지까지 푹 젖어 종일 빨래를 했었다.

   짤순이가 없던 시절 한겨울엔 빨랫줄에 꽁꽁 언 기저귀와 옷들이 동태처럼 걸렸었다. 미처 마르지 못한 옷과 기저귀를 솥 뚜껑 위에 올리고 방에다 걸고 하루가 모자랄 정도로 분주했다.

   많은 힘과 시간을 들여야 한겨울을 보낼 수 있었다. 지금은 애기들도 엄마들도 여러모로 많이 편해졌다. 애기를 편히 돌볼 수 있게 뭐든 최적화된 환경이다. 몸으로 키우던 시대는 없어졌다.

   아기들이 활동이 늘고 뛰고 싶을 땐 몸으로 안 놀아줘도 된다. 퐁퐁퐁 마음껏 뛸 수있는 기구들이 많아졌다. 어른들은 아이들 옆에서 호응을 해주며 돌봐주면 된다. 입으로 흥만 돋아 주면 팔짝 팔짝 잘도 뛴다. 바퀴가 달린 의자도 흔들 그네도 있다. 칭얼대면 힘 안 들이고 사뿐사뿐 끌어 주고 흔들어주면 된다. 식탁 높이에 맞는 애기 의자도 있어 이유식 먹이는 것도 불편함이 없다.

분유도 자동으로 스위치만 누르면 적정 온도에 맞게 순식간에 나온다. 엄마들도 애기들도 옛날에 비하면 그야말로 호화로운 풍경이다.

어느 날 며느리에게 요즘 애들은 애 하나 키우는 것도 독박 육아니 산후 우울증이니 한다며 이 좋은 세상을 감사할 줄 모르고 불만이 많다고 얘기한 적도 있다. 우리 며느리는 맞벌이를 했었는데 어땠을가, 살짝 궁금하기도 했었다.

우리 어머니 시대에는 그 많던 식구들의 빨래도 손으로 다 하고, 장작불을 지펴 밥을 해 먹였다고 하셨다. 그래도 어머님께서는 식구들은 많아도 여럿이 애기를 봐 줘서 쉬웠다고 한다.

생각해보니 그럴 수도 있겠다 싶어 머리를 끄떡여줬다. 아니라고 반박하면 '라떼' 시대에 뒤떨어지는 시부모가 되니 긴말은 필요가 없어졌다. 우리들 세대는 어렵게 살았어도 어떠한 위로도 배려도 받지 못했다. 우울증이란 용어도 모르고 어른들이 살아 온 방식대로 순종하며 살았다.

그 시대에 우리들은 당신들의 나이가 되어 며느리를 보고 사는 나이가 되었다. 나도 며느리로 살아봤으니 그 마음을 알기에 최대한 배려하고 좋은 말만 골라서 해야한다.

자식들의 육아 방식을 존중하고 격려해주며 잘 살아가도록 토닥이는 부모로 살아야한다.

게스트하우스

아들한테 전화가 왔다.

"엄마! 게스트하우스가 당첨되었는데 올래요?"

"응~~ 아빠랑 얘기해볼게."

우리만 가는 것보다 여럿이 가야 좋을것 같아서 뭉치는 거 좋아하는 시댁 식구들한테 전화를 했다. 흔쾌히 찬성했다.

아침 산책길을 돌며 예쁜 꽃을 보면 아들은 며느리에게 "엄마가 보면 좋아할 거야"라고 했다고 한다. 마침, 그때 초청할 기회가 되니 오라고 했다. 시댁 식구들과 아들네 집으로 가니 며느리가 반갑게 맞이해 주었다. 송도신도시 아들네 집에서 바라보니 바다가, 인천대교가 한눈에 들어왔다. 갈매기가 멀리 보이고 작은 배들도 그림처럼 동동 떠 있다. 가슴이 탁 틔였다.

  늘 깨끗하게 정돈된 집은 모델하우스 처럼 깔끔한 며느리 성격을 닮아있다. 아들네서 간단히 간식을 먹고 바다가 잘 보이는 카페로 이동 했다. 쾌적한 커피점엔 많은 사람들이 멋진 바다를 즐기고 학생들은 공부도 하고 넉넉한 공간이 마음에 들었다.

  혼자 바다를 보며 멍하니 즐길 수 있는 좋은 분위기었다. 게스트하우스도 잘 꾸며져 있고 뷰가 멋지니 바로 자리로 옮기자고 했다.

  입주민의 편의를 위해 준비해 둔 곳이다. 당첨되면 사용 가능하여 평일에는 비용이 십만원이라했다. 시댁 식구들과 시원한 바다를 바라보며 멀리 보이는 무의도까지 한눈에 들어오니 이야깃거리가 많았다.

  간식으로 점심을 때운 우리를 위해 며느리는 저녁 식사로 월남쌈과 과일을 준비해서 편하게 저녁을 해결했다.

 옛날에는 집에 손님이 오면 미리 이불 준비를 해두었다. 며칠 전부터 시장을 보고 손님을 대접해야 했다. 작은 방에서 여럿이 불편함을 감수하고 자기도 했다.

 우리들은 아들네 손님으로 가서 넓은 호텔처럼 호사스러운 방을 차지하고 귀한 손님 놀이를 했다. 우리들도 아들네도 부담 없이 시간을 즐기고 손주들도 들락날락 얼굴을 보여 주며 우리를 기쁘게 해줬다.

 야경 또한 외국에 와 있는 듯 화려했다.

 며느리는 멋진 밤을 배경으로 사진을 찍어주며 추억을 만들어 일이 있어 먼저 가고 우리 부부만 남았다. 바다를 품은 하룻밤을 보내고 느긋하게 일어나 아침밥을 먹기 위해 아들네로 갔다.

 가는 곳곳에 이름표를 달고 아기자기 피어있는 꽃들이 많았다. 백리향, 선눈향, 억새그린, 황금조팝, 삼색조팝, 무늬쥐똥.

잔잔한 나무와 꽃들은 소박하게 피어있고 우람한 소나무와 웅장한 나무들은 우직하고 기품 있는 모습으로 아파트를 품격있게 보여 주는 것 깉있다. 곳곳에 쉼터, 놀이터, 도랑물을 흉내 낸 현대식 물길은 물고기라도 풀어놓고 싶게 맑고 깨끗했다.

나 어릴 때는 상상 속에서도 그릴 수없던 화려하고 웅장한 아파트에서 아들네가 더 행복하게 살기를 바래본다. 하룻밤의 알찬 추억이 되었다. 아들과 며느리에게 감사한 마음을 전해본다.

손자들

나는 초등학교 4학년 때부터 6학년까지 육상부를 했다. 100m, 50m 달리기 선수였다. 장거리는 몸이 약해 도전을 못 하고 단거리만 했다.

조금만 달려도 숨이 차서 헉헉거리며 한참 숨을 몰아쉬고서야 정상적인 숨이 쉬어졌다.

운동회 때 달리기만 하면 1등을 하였고, 계주에도 나가서 큰 함성 소리에 힘이나서 앞에 가는 선수를 제치고 좋은 성적을 받았다.

곧이어 전교에서 인제군 체육대회를 나갈 선수로 선발되어 학교 공부가 끝나면 남아서 달리기 연습을 하였다. 전교에서 여자 키로는 내가 제일 컸던 것 같다. 키만 컸을 뿐 몸은 약하고 먹는 것도 편식을 해서 얼굴은 까맸다. 그 얼굴에 하얀 버짐까지 펴서 불쌍해 보일 정도였다.

그래도 달리기 연습은 끝이 없었다. 다른 친구들도 나와 다를 건 없었다. 그 시절 집에서 잘 먹어봐야 옥수수밥, 감자수제비, 나물들 정도였다. 군것질이라야 삶은 옥수수나 찐 감자였다.

학교에서는 단맛 없는 건빵을 점심시간에 맞춰 배급을 주었다. 작은 그릇에 자로 재듯 깎아 당번이 나눠주고 운동하는 아이들은 두 그릇, 그래도 좋았다. 운동하는 아이들의 특권이었다.

축구선수로 유명한 안정환 선수의 배가 고파 빵을 먹으려고 축구를 했다는 얘기는 전국민이 알고 있다. 나 역시 힘들지만 건빵이라도 더 먹을 수 있어 참고 뛰었는지도 모른다.

트롯트 가사 중에 아이야 뛰지 마라 배 꺼질라, 라는 가슴 시린 그 시절 이야기가 공감된다.

운동연습은 끝이 없었다. 바짝 마른 몸은 바람이 불어도 나갈 정도였으니 무슨 힘으로 달렸을까? 엄마는 힘들다며 운동하는 걸 하지 말라고 몇 번 선생님께 얘기도 해봤다. 하지만 달리기는 잘하는 선수였으니 선생님들은 모른척 밀고 나갔다. 어쩌다 선수들 영양 보충용으로 귀한 날달걀 하나씩 주기도 했다. 달걀을 먹은 날은 날아갈 듯 어디라도 달릴 것 같은 기분이었다.

학교 운동장이 작아 직선으로 100m가 안되니 코너를 돌며 연습을 했다. 얼마 후 군부대에서 도로를 늘리고 작업하며 긴 직선 길이 생겼다.

선생님은 선수들을 이끌고 학교에서 먼 거리였지만 그곳에서 100m연습을 허기에 지쳐 쓰러질 때까지 연습을 시켰다. 시골 도로에는 차들도 많이 없어 한가하니 운동 연습으로는 최고였다.

때로는 강으로 데리고 나가 모래밭에서 달리기도 시키고 빨리 걷는 것도 반복적으로 했다. 목마르면 강물을 마시며 그렇게 연습을 했다. 가끔은 꾀를 부리는 우리들을 향해 매도 때리고 엄격하게 지도했다.

그때는 선생님이 어렵고 무섭기까지 해서 아

무 말 없이 지시를 따라야 했다. 선생님 얼굴도 똑바로 쳐다 보지도 못했던 것 같다. 오죽하면 선생님 그림자도 안 밟는다고 했을까.

어른들 말씀으로는 선생님 똥은 개도 안 먹는다고 했다. 그만큼 선생님은 빈 머릿속을 채워주고 키워주는 힘든 일을 하니, 그만큼 애가 탔으리란 생각이 든다. 그렇게 부모에게도 선생님께도 어렵게 교육받고 자란 우리들이었다. 또한 선생님들도 힘들고 배고픈 시절이었다.

어느 날 달리기 연습을 멈추고 선생님께서 구멍가게에서 건빵 두 봉지를 사 들고 강가로 우리들을 데리고 내려갔다. 신문지를 펴고 건빵 두 봉지를 풀어놓았다. 배가 고팠을 우리들과 선생님의 허기도 채울 겸 사오신 것 같다.

우리들은 어려워서 건빵에 손도 못 댔었다. 선생님은 계속 먹으라고 재촉하고 우리들은 눈치만 보느라 감히 손을 못 대고 멀뚱거리기만 했다.

선생님도 못 드시고 계속 재촉만 하시다가 결

국 화가 나셨다. 이유를 모르는 선생님은 답답한 마음에 신문지에 건빵을 둘둘 말아서 강물에 던져버렸다. 그렇게 선생님과 우리들은 눈치 보느라 건빵도 못 먹고 말없이 선생님 뒤를 따라 학교로 돌아왔다.

왜 그렇게 수줍고 바보 같았는지 선생님은 아이들의 마음을 헤아려 주지 못했는지, 가끔 오랜 세월이 흘러도 잊히질 않고 기억에서 떠 오른다.

오늘 아침 아들네 집에 갔다. 골프를 하는 작은 손자 녀석은 6학년인데 언제 그렇게 많이 컸는지 반에서 제일 큰 키라고 한다.

큰손자도 반에서 제일 큰 키로 골프를 하다 관뒀다. 누구에게든 지는 걸 싫어해서 스트레스 때문에 운동 하는 게 어려울 것 같아 시켰는데 그만둔 상태다. 작은 손자는 승부욕이 없는지 지면 지고 이기면 좋고 하는 성격에도 꾸준히 연습해서 인천 초등부 골프 대표가 되었다.

지금의 아이들은 아쉬울 게 없고 허기질 일이

없는 최상의 조건이다. 부모에게 등 떠밀려 시키는 대로 하면 고급운동화도 운동 도구도 얻을 수 있다. 음식까지도 먹고 싶은 대로 충분하게 섭취하니 얼굴도 몸도 건강하기까지 한다.

부모나 학교에서도 필요한 것들도 미리 준비해준다. 우리 시절엔 고무신 벗어놓고 달리기 연습을 했다. 안 신던 운동화를 신으면 불편해 벗어놓고 운동장을 달렸다.

큰 손자가 중3이 되었다.

지는 걸 싫어하는 마음은 내가 제일 이해할 수 있다. 할미인 나도 그랬으니까. 누구든 내 앞에 달리는 걸 못 참아서 어쩌다 2등으로 쳐지면 달리는 걸 포기했다. 그러다 선생님께 야단도 맞고 매도 맞았다. 두 손자 녀석이 반에서 제일 큰 키는 나를 닮은 것 같다. 지는 걸 싫어하는 것도.

우리 때와 달리 공부든 운동이든 집중 못하는 것은 핸드폰이나 게임등 놀거리가 많아서 그런 것 같다.

아들도 두 아들들을 뒷바라지하며 더 집중해 주기를, 더 참아내기를 기대하는 것 같다

   나의 바람은 손자들이 하고 싶은 것들, 공부든 운동이든 행복하게 누리기를 바랄 뿐이다.

베트남 다낭에서 손녀와

 사월 중순쯤이면 전국 어디를 가나 꽃 천지다. 여행 가면 꽃 대접은 서운치 않게 받을 거란 생각에 이곳 저곳 여행지를 찾고 있었다. 그런데 딸네 가족들이 베트남 다낭으로 여행을 간다기에 우리도 선뜻 따라 나섰다. 두 돌이 채 안 된 손녀 딸이랑 여행 갈 생각에 남편은 며칠 전부터 들떠 있었다.

 이른 아침부터 서둘러 딸네 식구들이랑 인천 공항에 도착했다. 넓은 세상 밖으로 나온 손녀는 고분고분 않고 어른 넷을 휘두르고 다녔다.
 제멋대로 가려고 이리 끌고 저리 끌고 그야말로 야단법석을 떨어 어른 넷에서도 감당이 어려웠다. 공항 안에서야 겨우 감당 할 수있다해도 비행기 탑승 후가 걱정이 되었다. 4시간 30분의 거리면 어른도 지루한 시간이라 걱정을 햇는데 다행히 무사히 도착했다. 공항 밖으로 나오니 우리를 기다리는 리조트 직원이 차를 대기하고 있어 쉽게 숙소에 도착했다. 예약한 곳은 풀빌라가 있어 젊은 층에 인기가 있다고 했다. 주변 눈치 안 보고 자유롭게 여행을 즐기는 게 더없이 좋을 것 같다.

   짐 정리는 대충 하고 저녁을 먹기 위해 시내로 나갔다. 거리에는 한국 상호가 눈에 많이 띄었다. 한국가든, 한국부동산, 황제이발, 윤미용실, 윤가네식당 유가네과일, 한국 어디쯤 와 있는 기분이 들었다.

   유명하다는 맛집을 찾아갔다. 템하이산이라는 해산물 식당에 들어가니 베트남 직원들이 한국말을 잘해서 편했다. 사장님이 한국분이라고 했다. TV에서는 한국 예능프로가 나오고 곳곳에 한국어로 된 안내판과 사진을 찍을 수 있는 예쁜 포토존도 되어있어 제법 유명한 곳임을 짐작하게 했다. 차려진 음식을 열심히 카메라에 담느라 손이 빠른 딸과 화려한 만큼 맛은 어떨지 궁금한 나는 젓가락질이 바빴다. 모닝글로리 볶음, 게살 볶음, 총알 오징어튀김, 해산물 망고 샐러드, 게살죽, 다양한 요리들은 모두 입에 맞았다.

식당에서 가까운 거리에 있는 미케비취 해수욕장을 찾았다. 산책 겸 천천히 걷는데 길거리에 내 달리는 차들과 오토바이들이 무서웠다. 차보다 오토바이가 훨씬 많아 복잡하고 어수선한 도로였다. 우리나라처럼 신호등만 믿고 걸을 수가 없었다.

바닷가 모래밭에서 요가를 하는 무리도 보이고 다양한 인종들이 바다를 찾아 즐기고 있었다. 손녀는 아빠랑 바닷물에 발을 담그며 마냥 좋아하는 모습이다. 널따란 리조트 주변은 멋진 파도가 넘실대는 바다가 앞에 있고 시간 때를 잘 맞추면 공작새가 유유한 걸음으로 멋진 포즈도 잡아줘서 사람들에게 기쁨도 준다. 자주 볼 수 없는 광경에 눈이 휘둥그레졌다. 주변 곳곳은 식물원에 온 듯 잘 꾸며져 있다. 온천지가 나무와 꽃들로 조경이 이루어졌다. 웅장한 야자나무, 홍콩야자, 바나나 나무, 보라색 루엘리아, 개나리만큼 흔한 부겐빌리아가 만발이다. 눈으로 호사를 누린다. 마음도 꽃만큼 환하게 채워졌다.

숙소에서 언제 어디든 콜 하면 직원들이 대기하고 있다가 버기로 이동을 도와준다. 아침에 손녀가 좋아하는 대형풀장으로 이동했다.

물을 좋아하는 손녀는 내내 웃음이 끊이지 않아 우리는 남의 나라까지 와서 돈을 쓴다 해도 아깝지 않을 정도였다.

오후에는 한 시장을 다녀왔다. 호주 시드니에는 하버브릿지, 영국의 타워브릿지가 유명하다면 베트남 다낭에는 용 다리가 유명하다고 한다.

노란색으로 만들어진 용 모양의 다리는 요일에 따라 불을 뿜어내며 관광객들에게 인기가 많다고 한다.

    다리 건너에는 한국 관광객이면 한 번쯤 다녀온다는 한 시장이있다. 옛날 서울 남대문에 다녀온 도깨비시장을 닮은 모습이다. 넘처나는 인파에 인터넷에서 추천하는 가게 번호를 찾아가니 조금은 수월하게 다녔다. 명품 짝퉁이 유명하다고 해서 우리도 잠깐들러 선물 몇 개를 사왔다.

    근처에는 콩 까페가 유명해서 들어가려다 머뭇거렸다. 발 디딜 틈이 없이 붐볐다.

    인터넷을 통해 쉽게 찾을 수 있는 맛집과 소문난 곳들을 동네 가게처럼 찾아내는 젊은이들이 신기하고 기특한 생각이 들었다. 어른들은 조용히 지갑만 열어주면 행복한 여행이 된다.

    저녁 한가한 시간을 이용해 마사지숍을 갔다. 반복되는 일상에 바쁘게 살아온 나에게 보상을 하는 시간이다. 나른한 몸을 맡기고 한 시간 동안 여왕이 된 듯 대접받았다.

    다낭은 배달 문화도 잘 돼 있어 주문하면 음식

도 바로 오고 음식값도 저렴해 부담스럽지 않아 푸짐하게 시켰다. 한국인이 운영하는 마트에서는 뭐든지 전화하면 숙소까지 배달해 주니 불편한 점이 없었다.

  셋째 날 호이안으로 그랩을 불러 바구니 배를 타러 갔다. 안 탔으면 후회할뻔한 즐길 거리였다.
  넓은 강에는 수많은 바구니 배가 떠 있고 노 젓는 사공들의 노래 솜씨는 훌륭했다. 한국에서 유행하는 트롯트는 다 알고 틀어주었다.
  중간쯤 갔을 때 노래방 기계를 틀어놓고 관광객의 흥을 돋아 노래를 부르게 유도한다. 흥이 많다는 한국인들은 팁을 주고 노래와 춤도 춘다. 커다란 바구니 배에 추억도 출렁출렁 담아간다.
  곧이어 버기 타고 호이안을 돌기로했다. 2시간 동안 농촌 마을을 둘러보고 올드 타운 쪽으로 나가는 코스였다. 좁은 길을 따라 달리다보니 물 코코넛들이 물속에 많이 자라고 있었다.
  기사님 말로는 물 코코넛 나무를 말려 바구니

배를 만든다고 했다. 강둑에는 코코넛 줄기를 베어 끝도 없이 널어 말리고 있었다. 관광객들에게 추억을 담던 바구니배 재료가 물 코코넛 나무였다는 게 신기했다.

논에는 안남미 벼가 푸른빛을 잃어가며 익기 시작했다. 한 달 후면 수확을 한다고 한다. 일 년 내내 날씨가 따뜻하니 삼모작을 하는 베트남은 쌀 걱정은 안 해도 될 것 같다. 밭에는 콩 농사와 땅콩을 많이 심는다고 했다. 논 주변에는 물소들이 관광객들을 기다리는 것처럼 무서운 뿔에 비해 온순해서 가까이 가서 사진도 찍을 수 있었다.

베트남은 집집마다 대문 안을 들여다보면 꽃들이 가득 심어져 있다. 주말에는 꽃들을 가꾸고 명절에도 꽃을 심는다고 했다. 집들은 누추해 보여도 화려한 꽃들을 가꾸는 베트남인들을 보면 성품도 아름다울 것 같다.

베트남에도 유기농 농사를 하는 마을이 있다고 기사님이 안내해 주셨다. 기계를 쓰지 않고 바질, 고수, 상추, 고추, 이름 모를 채소들을 재배한다. 비료도 천연으로 만든다고 한다. 농사의 목적보다는 관광객들에게 보여 주는 코스 같았다.

 곧이어 호이안 재래시장 쪽으로 나갔다. 정신을 차릴 수 없을 만큼 차와 오토바이가 엉켜 뒤죽박죽된 길이었다. 소란스러운 길에 우리가 탄 버기도 함께 섞여 있었다.
 정신이 없어 머리가 흔들릴 정도인데 아무렇지 않게 살아가는 베트남 사람들이 대단해 보였다. 험한 길을 뚫고 나오니 한숨이 휴~~하고 나왔다.
 저녁은 한식으로 윤식당에 들어가 된장찌개, 김치찌개, 파전, 간장삼겹살을 먹다 보니 잠시 잊고 있던 집밥인 줄 착각했다.
 식당에서 가까운 곳에 투본강 소원 배 띄우기 체험을 하기로 했다. 엄청 몰려오는 인파 속에 우리도 끼어들어 밀고 들어갔다. 현란한 등불과 강 위에 떠 있는 배들이 화려하고 색다른 느낌이어서 이곳도 잘 왔다는 생각이 들었다.

　손녀딸까지 다섯 개의 촛불을 켜서 소원 배를 띄웠다. 강물 따라 흘러가는 작은 종이 배에게 소원을 실어 보낸다. 저 강 끝까지 꺼지지 말고 우리 가족 모두 건강하게 지켜주소서.

　마지막 날은 딸네 가족과 헤어져 그랩에 기사 한 분 가이드 한 분이랑 영흥사와 오양산을 돌기로 했다. 손녀와 함께 하기에는 무리일 것 같아 남편과 나 둘만의 시간을 딸이 계획해 둔 것 같다. 여섯 시간 동행할 가이드분이 기다리고 있었다. 인상도 좋고 성품도 좋아 보여 내내 편했다.

　충북 청주에서 9년 동안 직장 생활한 경력으로 한국인에게 가이드를 한다고 했다. 영흥사에도 외국인 관광객들이 모여들어 유명한 절임을 알 수 있었다.

　절 안에 들어가 가족을 위한 건강 기도를 올렸다. 영흥사에 유명하다는 불상 높이가 아파트 17층 높이라고 했다. 가이드가 지목해주는 곳에서 사진도 몇 장 찍었다.

　점심시간에 한 시간 정도 여유가 있어 한 번 더 마사지숍에 가기로 했다. 얼굴 마사지, 등 마사지, 손톱 정리, 발톱 정리, 귓속 정리, 두피 마사지까지 한 시간쯤 받는데 비용은 이만원 쯤 되는 것 같다. 많은 생각이 들었다. 내가 내게 대접한 적 없고 누구도 나를 한 시간 동안이라도 눈 감고 편히 쉴 수 있도록 해준 사람이 없었던 것 같다. 이만원으로 그간의 피로가 풀렸다. 가끔 씩 이런 선물을 나에게 주고 싶은 시간이었다.

　마지막 코스는 오행산으로 갔다. 산 높이가 7층 높이여서 걸어 올라갈 수는 없었다. 엘리베이터가 있어 힘들지 않게 올라갔다.

　영흥사도 오행사도 절이 지어진 곳에 주로 보리수나무가 있었다. 석가모니가 진리를 깨닫고 지혜를 얻은 장소가 보리수나무 아래여서 영험하다는 생각에 절을 보리수가 있는 곳에 지었다고 한다. 몇 백 년 된 보리수나무의 수명에 경이

롭기까지 해서 감탄이 절로 났다.

  오양산에는 몇 개의 동굴이 있는데 작은 동굴 한군데만 들어가 보았다. 불상이 곳곳에 놓여 있어 시섬한 곳이라고 가이드가 말헤주었다. 섬세하고 친절한 가이드 덕분에 베트남인들의 멋진 이미지를 마음에 담게 되었다.

  4박 5일의 여행을 끝내며 딸네 가족과 손녀와의 추억을 만들어 행복한 시간이었고 일상으로 돌아갈 힘을 충전한 귀한 시간을 보내고 왔다.

어느 봄날의 칠순

 살구꽃이 환하게 핀 봄날 친구네 앞마당에는 수건을 두른 동네 아줌마들이 웅성거렸다. 턱이 높은 부엌을 드나들며 종일 바쁘게 움직였다.
 어린 날 고향 친구 할아버지 칠순 잔치 날을 기억해 본다.

 동네 사람들은 돼지를 잡고 부침질을 하고 국수를 삶아냈다. 강원도에는 메밀 부침개가 큰일을 치를 때 빼 먹으면 안 되는 음식이었다.
 솥뚜껑을 뒤집어 화로에 올리고 들기름을 발라가며 쪼그려 앉아 끝도없이 부쳐냈다. 동네에서 애경사가 있을 때 내려오는 풍습이었다.
 지금처럼 시장을 자유롭게 다닐 수 없을 때 각자 음식 재료들을 품앗이처럼 하는 게 다반사였다. 누구네는 맷돌로 콩을 갈아 두부를 해오고 어느 집에서는 콩나물을 키우고, 어느 집에는 도토리묵을 쒀왔다. 메밀을 갈아오고 부침 재료들을 준비해서 힘을 모으면 그야말로 강원도식 큰일을 치러내기에 좋았다. 그 지혜로움을 지금 생각하면 감탄이 절로 나온다.

멍석 위에 상이 차려지면 누구라도 자리 잡고 앉아 배불리 먹을 수 있는 날이었다. 또한 배고픈 시절에는 무엇이든 맛이 있었다.

그중에 제일 먼저 손이 가던 것은 과질이었다. 지금은 그것을 한과라고 부른다. 지역에 따라 다르게 불려 지기도 한다과자가 귀하던 시절 지금도 그때 먹어 본 한과 맛을 잊을 수가 없다.

동네 사람들은 풍성해진 잔칫상을 받으며 흥겨워했다. 주전자에 막걸리를 주거니 받거니 따르며 떠들썩한 분위기에 애들도 신이났다.

술에 취해 휘청거리는 아저씨들 벌개진 얼굴

에도 웃음이 한가득해 보였다. 풀 방구리 쥐 드나들듯 종일 수도 없이 잔칫집을 오가며 배를 든든히 채운 아이들도 마냥 좋은 날이었다.

  잔칫집 음식이 다 떨어진 때까지 다음날도 그다음 날도 사람들은 제집 드나들듯 음식을 나눠 먹었다. 그렇게 힘든 세월에 큰일을 치르던 엄마들은 위대해 보였다.

  결혼 후 30년이 흐른 후 우리는 시아버님 칠순 잔치를 위해 넓은 뷔페식당을 예약했다.

  몸으로는 수고할 일이 없어졌다. 내 몸만 치장하고 예쁜 모습으로 잔치 치를 장소로 가기만 하면 되었다. 며느리들은 똑같은 색으로 꽃분홍 저고리에 노란 갑사 치마를, 딸들은 노란 저고리에 파란 치마를 맞췄다. 머리는 잔뜩 올려 한껏 모양을 내고 등장했다. 여흥을 돋기 위해 큰맘 먹고 국악인을 불러 한껏 목청을 높여주니 잔칫날 분위기는 최고였다. 초대된 손님들은 잔치 마당에 흥겹게 노래로 축하해 주었다.

그리고 마지막 곡으로 꼭 불러야 할 노래 '어머님 은혜' 그 곡에는 눈물 콧물을 결국 보고야 말았다는 치밀한 계산이 들어 있었다.

시간이 더 흘러 또 바뀐 우리 세대 칠순 잔치는 더욱 편해졌다. 크게 벌리지 않고 조용히 지낸다. 예약된 장소에는 현수막이 걸려 있다.

부모님께 감사하다는 글귀가 가슴을 찡하게 한다. 예쁜 꽃들이 차림 상을 돋아준다. 조촐해 보여도 초라하지 않게 빛을 내준다. 정성을 보탠 과일과 떡은 꾸밈에 한몫을 하며 과하지 않은 상차림에 눈길이 자꾸 간다.

간단한 가족끼리 음식점에서 케잌을 준비하고, 축하 노래를 부르고, 잘 차려진 음식을 먹으며, 담소를 나누고 즐겁게 시간을 보낸다. 주인공은 찾아준 친지나 지인께 감사 인사를 전하고 축하 사진을 찍으면 잔치는 끝난다.

칠십 년을 잘 살았다는 축하공연은 너무도 조용하고 깔끔해졌다.

자식들도 할 일 다 했다는, 숙제를 다 한 후련한 기분이 들 것 같다.

며칠 전 남편의 칠순 잔치를 치르며 세대 차이를 실감했다 내년에 돌아올 내 칠순에는 가족들과 단체 여행을 떠나기로 했다.

달라진 세상

엄마!! 친구네 시어머니는 아들네 집에 오면 좋아 보이는 건 다 사 달라고 한대. 시어머니 때문에 스트레스가 심한가 봐. 며칠 전 딸이 우리 집에 와서 얘기한다. 정신이 번쩍 들었다. 나도 며느리에게 잘못 한 게 있을까?

그러고 보니 나도 그런 게 있겠다 싶다. 좋아 보이는 것들과 필요한게 있으면 특히 비싸지 않으면 사달라고 부탁을 하게 된다. 아들 집에 가면 어디서 구했는지 편리하면서도 세련되고 멋진 가구들이 집안 가득 환한 빛을 내고 있다. 주방용품도 필요한 만큼 잘 진열돼 있고 수납공간도 넉넉해서 깔끔하게 정돈된 모습이 완벽하다. 흡사 모델 하우스라해도 손색이 없을 정도다.

딸네 집도 아직 신혼이라서인지 살림이 단출하며 산뜻 하다. 손녀 방에는 나 어릴 적 초등학교 도서관에 있던 책만큼 진열되어 있다. 욕실도 다양하게 향기 나는 물품들로 가득하다. 게으른 주인 대신 청소를 책임지는 로봇 청소기도 방 저쪽에서 주인의 명령을 기다리며 웅크리고 있다.

 반면 나와 함께 늙어 가는 살림살이를 생각한다. 이십 년 훌쩍 넘은 냉장고, 장롱, 마치 뒷방 노인처럼 우중충한 가구들이 많다. 그래서인지 자식들이 잘 장만해 놓고 사는 물건들에 자꾸 눈길이 간다. 남의 집 시어머니도 내 마음 같았으리라 생각이 든다. 젊은 애들은 쉽게 인터넷으로도 주문도 잘하고 포인트도 활용해서 저렴하게 살 줄도 알고 다양하게 집안 꾸밀 줄도 안다.
 우리 같은 세대들은 재래시장 근처가 좋다지만 시장보다 더 가까운 문 앞에 채소, 생선, 육류, 세상에 있는 것은 다 배달 가능하니 모든 게 편해졌다. 자식들에게도 주문해 달라면 필요한 것을 받을 수도 있다. 가끔 새 상품보다 당근 마켓을 찾아보고 저렴한 것이 있나 찾아보고 장만을 한다. 옛날 어른들 얘기로 남편이 벌어온 돈은 쉽게 쓰지만, 자식이 주는 돈은 힌 푼도 못 쓰신다고도 했다. 자식들한테는 무엇을 부탁하든 계산은 확실하게 해 줘야 한다. 적은 돈이라도 축 내주고 싶지 않고 얼른 모아 잘 살기를 바라는 마음이다.

그렇게 해야 자식들에게 필요한 물건이 있을 때 눈치 안 보고 요구할 수 있다.

지금 우리 세대는 물건을 사고 싶으면 준비된 지갑이 있지만 우리 엄마는 어땠을까?

옛날 어렵게 살던 시절 친정에 가려고 엄마에게 필요한 거 없냐고 전화하면 엄마는 다 필요없다고 한다. 몸만 와도 좋으니 차 조심해서 오너라, 하시며 끝말에 뭔지 아쉬워하는 것 같아 재차 물어본다. 엄마는 작은 목소리로 언제 써보았는지 '하이크림디' 라는 세숫비누 한개만 사오라고 하셨다. 동동구루무 바르고 동백기름 머리에 바르던 엄마에게 꽂힌 세숫비누였다. 향이 그렇게 좋을수가 없다며 극찬을 하던 비누였다.

한번은 친정에 가서 화장을 할때 내가 쓰고 있는 파운데이션을 유심히 보시더니 '너, 갈때 그거 두고 가면 안 되니?' 하셨다. 돈 줄 테니 너는 사서 쓰라며 갖고 싶어 하셨다. 엄마도 구매할 줄 모르는 세대였다. 우리 세대가 자식들 어려워하듯 그러했으리라 지금은 이해가 된다.

요즘 같은 세상에 널린 게 비누고 화장품 들이다. 사은품이나 선물로 푸짐하게 받은 고급스러운 비누를 보면 엄마가 떠오른다. 궁핍하게 사실 때 우리가 쓰던 물건에 관심을 보이며 부러워하던 엄마를 생각하니 지금의 나를 보는 것 같다.

아버지가 남긴 돈

58년 전 아버지가 군용차에 치여서 돌아 가셨다. 가을이면 군인들이 주민들을 돕느라 일손이 모자라는 곳을 찾아가 도움을 주던 때다. 벼를 차에다 실어 날라주는 과정에서 아버지가 끌고가던 손수레와 부딪히면서 사고가 났다.

어린 기억으로는 군용차에 돌아가시면 보상이 없다는 말을 들었다. 하루아침에 날벼락을 맞은 그야말로 황당한 사고 소식에 엄마는 정신을 잃었고 동네 사람들이 장례 절차를 밟아 주었다.

엄마는 혼자 감당해야 할 어린 다섯 자식 키울 생각에 서럽게 서럽게 꽃상여를 따라가며 울었다. 장례식이 끝난 후에도 허둥대기도 하시고 갈피를 잡지 못하고 먼 하늘만 바라보고 한숨만 쉬셨다. 보다 못한 동네에 누님이라고 부르며 가깝게 지내던 먼 친척뻘 장 씨 아저씨가 나섰다. 앞이 캄캄한 엄마를 도와서 힘을 주겠노라 하셨다. 엄마는 정신이 번쩍 들어 귀를 기울이고 아저씨에게 의지하였다.

 그 시절 변호사란 호칭도 모를 때 엄마를 데리고 서울로 올라가셨다. 아는 사람을 통해서 변호사를 만나 사정 이야기를 했다. 제일 큰아들이 16살 12살 10살 8살 막내가 6살 그렇게 어린애들을 누님이 혼자 못 키우니 잘 살펴서 보상을 받게 해달라고 했다. 엄마도 엎드려 절이라도 백 번이라도 하시겠다는 간절한 마음으로 매달렸다고 했다. 그 후로도 엄마는 정신을 못 차리고 울기만 하였다. 아버지 산소에 가면 하염없이 울며 먼저 간 아버지를 원망하고 나 혼자 어떡하라고 갔느냐고 통곡하시는 모습을 보고 나는 그 후로 산소에 따라가지 않았다.
 엄마가 우는 게 그렇게도 싫었다. 몇 달이 지

났을까? 변호사를 통해서 보상이 나왔다는 소리를 들었다. 손을 안 썼으면 한 푼도 못 받고 포기하고 어찌어찌 살아갔겠지만 잘 해결이 되었다는 소리에 안도의 숨을 쉬셨다.

보상 액수는 사십만원 이라고 했다. 58년 전이라 돈에대한 가치는 잘 모르겠다. 그때 당시 쌀 한 말 가격도 잘 모르겠다. 기억했으면 대충 감을 잡기라도 했을 텐데. 보상금은 우리 다섯 남매에 목숨줄이 걸려있었다.

받지 못할 보상금을 받게 도와준 장씨 아저씨에게 감사하다는 말을 엄마는 수도 없이 했다. 어린 우리에게도 아저씨 덕분에 우리가 살 수 있었다고 귀에 못 박히도록 말씀하셨다. 아직도 우리 가족들은 고마움을 잊지 않고 있다.

아버지 목숨과 바꾼 돈을 엄마는 한 푼이라도 쓰기전에 먼저 고민부터 했다. 아버지가 안 계신 당시에는 타향이나 다름이 없다 생각을 하셨는지 다시 의지할 수 있는 일가들이 살고 있는 고향으로 내려갈 결심을 하셨다. 무얼 해서 자식들 하고 먹고살까 여러 가지 의논한 끝에 고향에 땅을 사서 농사를 지어보라고 권했다고 한다. 살고 있던 곳은 강원도 양구인데 인제 고향으로 가서 허름한 초가집이 딸린 땅을 샀다. 동네 사람들은 그 집을 논 가운데 집이라고 불렀다.

   초가집 앞에는 도랑물이 흐르고 논이 연결돼 있어 그렇게 부른 것 같다. 집 옆으로는 작은 밭이 있고 뽕나무도 몇 그루 있었다.
   한겨울에 많지 않은 살림을 싸 들고 창호를 바른 문에 구멍이 숭숭 뚫린 썰렁한 집으로 이사를 했다. 그해 겨울은 유난히 추웠다. 땔감 없는 부엌에는 어린 오빠가 산에서 해온 청솔가지만 쌓여 있고 엄마는 아궁이 앞에서 눈물을 훔쳐 가며 부지깽이 질만 하셨다.
   다음 해가 되어 농사를 지어야 할 봄이 왔지만 어린 자식들은 할 줄 아는 게 없고 엄마는 늘 몸이 아파서 의욕이 없는 상태였다.

그냥 누워만 있을 수 없으니 동네 사람들 손을 빌려 크지 않은 농사를 짓기 시작했다.

몇 평인지는 모르지만 모내기할 때는 동네 사람들과 친척들이 모여 도와주었다. 밭도 갈아주고 감자도 심어주고 많은 도움을 주었다.

엄마 힘으로는 못하고 품삯을 줄 돈도 없으니 막걸리로 대접을 하며 고마움을 표했고 우리들은 신작로 길을 따라 주전자를 들고 수도 없이 다녔다. 엄마의 어려운 심정을 어린 자식들은 알리가 없고 애 타는 건 엄마 혼자였다.

일 년 농사를 거두고 생각지도 않은 일이 벌어졌다. 우리 땅으로 군부대가 들어온다는 소식이었다. 엄마는 하늘이 무너지는 소리에 맥이 풀려 한숨만 쉬셨다. 군부대가 들어오면 그 또한 보상이 작다고 했다. 겨우 일 년 농사를 마무리하고 엄마의 결단이 필요했다.

군부대를 건설할 때 공사 현장에 식당을 차렸다. 인부들 밥을 해주는 지금에 함바집을 어설프게 시작했다. 동네에는 누구라도 그런 일 할 만한 사람들이 없었다. 엄마는 정신을 꽉 잡은 듯 대차게 엄마는 앞뒤 볼 것도 없이 힘든 일에 뛰어들었다. 우리는 펌프가 없는 집이었기에 엄마를 돕겠다고 물을 길어 나르기도 하고, 엄마의 일들을 도와야 했다. 시골에는 당시 많은 인부 밥을 해 줄 수 있는 환경도 좋은 조건도 거의 없었다.

가마솥을 걸어 아궁이에 불을 때고, 시장이라야 이 십리 길을 가야 부식을 사 올 수 있었다.

그런 상황을 아는지 어설프게 내놓는 반찬들을 아저씨들은 묵묵히 받아들였다. 가끔은 애써 밥을 해대고도 공도 없이 밥값을 떼어먹고 말없이 사라지는 사람들도 있어 엄마를 허탈하게 하곤 했다.

그렇게 험난한 노동이 끝이 났다. 공사가 끝나 떠나버린 현장에는 함바집도 필요 없어졌다. 그 후 군부대 상대로 작은 식당을 시작하셨고 고된 몸을 견디기 위해 진통제를 달고 사셨다.

엄마는 작은 체구로 힘겹게 버텨내셨고 자식들은 하나씩 여물어졌다. 결혼도 하고, 사회로 나가고 엄마의 어려운 숙제도 끝이 났다.

그러나 한숨 돌려 편히 쉬기도 전에 노환으로 거동을 못 하시더니 오랜 시간 방에만 계시다 돌아가셨다.

아버지의 죽음과 바꾼 사십 만원으로 엄마와 우리 형제자매는 굶지 않고 살았고 아버지의 목숨값으로 험난한 세상을 헤쳐나올 수 있었다.

아버지의 사랑

 나에게는 빨간 원피스에 하얀 동그란 무늬가 그려진 일명 땡땡이 옷이 있었다.

 친구들이 예쁜 옷이라고 부러워하던 원피스를 입고 아버지를 따라 내가 태어났던 인제군 기린면에 사는 친척 집에 따라갔다. 그때 나이가 예닐곱쯤 되었을 것 같다.

 좀처럼 말이 없던 아버지는 종종 버스를 타고 먼 길을 떠날 때는 나를 데리고 다니셨다.

 종일 함께 있어도 한마디 말도 없으신 아버지는 나를 챙겨 고향 다니러 가는 것을 좋아하셨다.

 아무런 표현도 살가운 몸짓도 없던 아버지는 환갑잔치나 결혼식 초대에도 가끔 나를 데리고 다니셨다. 그 이유가 뭐였을까? 먹을 게 귀할 때라 맛있는 음식을 푸짐히 먹이고 싶으셨나? 아니면 버스 타는 걸 좋아하는 나를 위해 일부러 데리고 다니셨나? 늘 궁금했었다. 속 깊은 자식 사랑이 있었다는 걸 알 수가 없었다.

말도 없으시거니와 심지어 웃는 모습도 본 기억이 없다. 그런데 지금도 마음속 깊이 남아있던 아버지의 호탕한 웃음을 한 번 본 기억이 있다.

큰고모네 사랑방에 많은 사람들이 모여 얘기하고 있었다. 어떤 내용인지는 기억에 없지만 얼굴 가득 하얀 이를 다 드러내며 크게 웃는 모습에 아버지도 웃을 줄 아는구나, 하고 어린 마음에도 신기했었다.

아버지는 늘 조용하시고 선하신 모습만 보여주셨다. 술은 드실 줄 알았지만 집안을 불안하게 만든 적이 없었다. 항상 묵묵히 나무를 해오시고 도끼로 장작을 패서 처마 밑에 쌓아두시고 긴 겨울을 준비하셨다.

봄부터 가을까지는 언덕 밭을 일구는 전형적

인 시골 농부 아저씨 모습이었다. 엄마의 말로는 아버지가 주변머리가 없어 손에 쥐여주는 떡도 못 받아먹을 한심한 사람이라고 하셨다.

그러나 동네 사람들은 아버지를 법 없이도 살 수 있는 좋은 사람이라고 하셨다. 능력 없는 아버지를 대신해 엄마는 발 벗고 나서 자식들을 굶기지 않기 위해 밖으로 이리저리 다니며 돈벌이 되는 것은 무엇이든 장사를 하셨다.

엄마는 집안일에는 크게 관심이 없고 여장부처럼 아버지를 집안에 앉히고 돈을 벌러 다니셨다. 아버지는 자식들을 살뜰히 챙기셨다. 겨울에는 화롯가에 앉혀놓고 된장찌개도 보글보글 데워 주시고 찬장 속에 꽁꽁 언 밥도 김치 넣고 썩썩 비벼 따끈한 볶음밥도 해주셨다.

밤에 잘 때 가려워서 긁적거리면 거친 손으로 옷 속에 넣고 벅벅 긁어 시원하게 잠재워 주셨다. 엄마의 보살핌을 받은 기억은 거의 손꼽을 정도다. 내가 열살 되던 해에 엄마는 우연히 여인숙을 하게 되었다. 남 앞에 나서는 걸 싫어하시던 아버지는 무척 난감해하셨다. 사람 상대를 해야하는 업종이었기에 몸에 맞지 않는 옷을 입은 듯 늘 불편해하셨다.

　엄마가 벌려놓고 집안에 자잘한 일들은 모두 다 아버지 몫이 되었다. 손님 방에 걸려있는 호야를 닦으셨고 빗자루를 들고 사셨다. 그래도 엄마는 여전히 답답한 남편 대신 크고 작은 일들을 처리하며 치마를 휘날리고 다니셨다.

　여인숙을 시작하고 얼마 되지 않아 아버지는 정육점 집 부탁으로 손수레에 돼지를 싣고 오다 군용차에 사고를 당하셨다. 병원에 실려 간 아버지는 엄마에게 살려 달라고 애원하셨다고 한다.
　어린 자식들 다섯이나 엄마 혼자 키우기 힘드니 꼭 살아야 한다고 하셨지만 끝내 그날 밤을 넘기지 못하신 것이다. 달이 유난히 밝은 보름에 군인 엠블란스에 실려 집으로 돌아오셨다.
　그렇게 엄마는 큰오빠가 16살, 언니가 12살,

내가 10살, 내 아래 동생이 8살, 막내가 6살 그렇게 무거운 짐을 지고 아버지가 안 계신 험난한 세상을 마주해야 했다.

아버지의 기억은 많지 않지만, 가끔 기억을 꺼내곤 한다. 우리 가족에겐, 내겐 어떤 아버지였을까? 어린 나이였기에 짧았던 순간순간을 떠올려 본다. 오랜 시간을 함께하지 못해 아쉽기만 하다. 영화 속 주요 장면처럼 스치고 지나가곤 한다.

그러나, 아버지의 사랑이 내 삶에 곳곳이 있었음을 나중에서야 알게 되었다.

지금 내 자식들은 손주들에게 아빠 노릇을 톡톡히 하고 있다. 옛날 아버지들하고는 상상도 못할 엄청난 변화라 할 수 있다. 목욕시키고, 밥 먹여주고, 놀아주고 심심할 시간 없이 좋은 곳은 다 데리고 다닌다. 물질로도 사랑도 차고 넘치도록 쏟아붓는다. 육아 지식이나 사랑을 교육을 받은 것처럼 잘하고 있다.

우리도 이렇게 좋은 시절에 태어나서 부모 사랑받고 풍요로운 삶을 다 누리고 살았더라면 더 멋진 모습으로 살고 있지 않을까?

 오늘은 유난히 아버지가 그리운 날이다.

나도 엄마처럼

 엄마는 아침마다 오빠 방문 앞에서 소리를 지르시곤 했다. '일어나라! 아직 자냐, 해는 중천에 떴는데 어째서 안 일어나는 게냐' 나이 들어 잠이 없는 엄마와 아직은 더 자고 싶은 오빠랑 아침마다 소리 높여 달달 볶는 풍경이다.

 뜨거운 여름날 시골에서는 덥기 전에 많은 일을 해야 한다. 땡볕이 내리쬐는 대낮엔 잠깐의 휴식을 하기 위해서 부지런해야 한다. 엄마는 아까운 새벽을 허투루 쓰는 오빠가 한심해서 잔소리로 아침을 시작한다.

 매일 벌어지는 잔소리에 어느 날 오빠는 엄마에게 화를 냈다. 내가 알아서 할 일인데 왜 아침마다 들볶냐고 짜증을 내며 못다 잔 잠을 아쉬워했다. 그리고 남동생을 깨우는 것도 아침마다 엄마의 일상이었다. 어여, 일어나서 돼지 밥 주라고 재촉을 하셨다. 돼지 다 굶어 죽는다고 에테우며 잔소리를 퍼붓는 엄마도 꽤나 힘드셨을 것이다.

 남동생은 자던 잠을 거두고 돼지우리로 향한다. 돼지들은 밥 주러 온 동생에게 성을 내듯 꽥꽥꽥 소리를 내며 꿀꿀거린다. 동생은 못다 잔 잠과 엄마의 어여 일어나라는 성화에 무척 성이 났는지, 서로 먹겠다고 달려드는 돼지들을 뿔 바가지로 한 대씩 머리통을 내리치며 분풀이를 해댄다. 시골집의 하루는 성질 급해 애가 타는 엄마와 느려터진 우리 형제자매들을 깨우고 일 시키는 것으로 시작했다.

 엄마 혼자 다섯 남매를 키우는 과정에 애간장이 타다 못해 숯덩이가 되었을 거라고 엄마는 늘 푸념하듯 혼잣말로 웅얼거리셨다. 친구들네 엄마와 비교해도 늘 아프던 엄마는 몸이 약했다.

  늘 진통제를 하루에도 여러 알을 드시며 안개 속처럼 보이지 않는 세월을 하루하루 버텨오셨다. 그때는 몰랐었다. 엄마의 고함과 역정을 그냥 엄마의 잔소리쯤으로 여겼었다.

  지금 자식들과 살아보니 그 아픔과 고통을 알아간다. 마음에 안 드는 부분을 가르치려 해도 잔소리로 들을 뿐. 오히려 자식들은 세대 차이로 우리를 가르치려 한다. 몇 마디 더 하다가는 상처만 받고 손해를 보게 될 때도 있다. 스스로 위안 삼고 혼자 삭히곤 한다. 예전에 엄마처럼 속으로 웅얼웅얼하다 말 때도 있다. 부모는 자식들이 잘되길 바라며 부족한 것을 채워주고 싶어 한다. 알찬 사람으로 만들어 당당하게 세상 속에 내세우고 싶은 마음이다.

  시대가 변했으니 젊은이들을 따라 같이 변해야 하지만 수십 년 몸에 밴 습관은 쉬 고쳐지질 않는다. 심지어 안달이 나고 조급해져서고 많은 일을 순식간에 해치우지 못하면 불안해지기까지 한다. 자식들이 게으르고 태만해 보일 때 예전의 엄마 모습이 떠오르며 수시로 하시던 말씀이 생각난다. '나 없으면 니희들 이렇게 살이 갈려는지' 혀를 끌끌 차며 한숨까지 쉬셨다.

나도 어느 날 아들보고 '우리가 없으면 사업을 어떻게 하나 걱정이 된다.'라고 한 적이 있었다. 아들은 '걱정 안 해도 된다'라고 한다. '왜 엄마가 없으면 안 돌아간다고 생각 하느냐' 정색을 한다.
그 말에 서운하기도 하고 마음이 놓이기도 했다. 그런 자신감이라도 있으니 안심도 되고 긍정적인 아들을 믿기로 했다.

부모는 죽어야 자식 걱정을 잊는다고 한다. 그 자식들도 자기 자식들을 위해 열심히 살아가지만 어느 순간 나처럼 깨달을 날이 올 것이다.
나의 부모도 너희 부모도 같은 마음이었을 거라고...

연탄 닮은 모습으로

"연탄재 함부로 발로 차지 마라. 너는 누구에게 한 번이라도 뜨거운 사람이었느냐?"

안도현 시인의 「너에게 묻는다」 시를 읽으며 이 글을 인용해 나의 글이 쓰고 싶어졌다.

세상 부모들은 자식들의 뒷바라지를 위해 살아간다. 어떠한 보상도 바라지 않고 그냥 죽도록 일하며 자식들을 위해 온몸을 불태운다. 자식들이 험난한 세상을 살아갈 때 작은 몸이라도 태워 도움을 주려고 노력한다. 자식들이 원하든 원치 않든 든든한 울타리가 되겠다고 자처한다.

까만 연탄도 제 몸이 하얘지도록 열정을 다하여 어려운 시절 우리에게 살아갈 힘을 주었다.

그냥 연탄으로서 할 일을 한 거라 대수롭지 않게 여겼다. 쓰레기차에, 또는 아무 곳에 던져 버리던 연탄재를 안도현 시인은 많은 것을 깨닫게 하고 되새겨 보게 했다.

우리 부모님들도 연탄보다 더 뜨거운 사랑으로 우리를 지켜내셨다. 누가 시킨 것도 아닌데 자청해서 자식들의 노예가 되어 자식 일에 발 벗고 나섰다. 그러나 요즘 자식들은 그 사랑이 너무 뜨겁다고 가까이 못 오게 잠금장치를 해둔다. 문을 걸어 닫고 비밀번호로 잠금장치를 하고 거리를 둔다. 자신이 없을 때 비밀번호를 누르고 들어오면 자기들만의 공간을 침범하는 거라며, 나쁜 부모로 몰아가는 젊은이들도 있다고 한다.

그리고 정작 본인들이 힘들고 겨울 같은 세상을 만나면 뜨거운 사랑을 강요하며 마지막 남은 힘을 보태라고 떼를 쓴다.

내 자식들을 길러내고, 그 자식들이 낳아 놓은

손주들까지 부모의 손을 요구하기도 한다.

  부모는 자식들 잘 가르쳐놨으니 일궈놓은 전문직이 아까워 손주들을 또 봐줘야 한다. 이미 부모들은 온몸이 여기저기 망가져 삐거덕거려도 자식들 앞에서는 강철같은 모습으로 나타나고 뒤에서는 양은 냄비가 삭아 으스러질 것 같은 신음을 내고 앓기도 한다.

  자식을 키워내며 부모의 사랑을 알아차려야 되지만 여전히 모르고 살아가는 게 우리고, 자식들의 인생인 것 같다.

  자식들은 성장하며 첨단 문명 문화를 통해 빠르게 발달한다. 다양한 사회생활도 많이 접해서 다방면으로 똑똑해졌다. 그래도 여전히 바뀌지 않는 것은 내가 부모에게 그랬듯이 자식들도 부모에게는 편하게 대해도 된다고 생각을 한다.

  부모는 자식들이 생각 없이 던지는 말에 대응하지 못하고 혼자서 속앓이를 하며 한 겹 두 겹 가슴에 담아두고 체념을 하게 된다. 부모들은 상처를 받고는 서서히 거리를 두기 시작하고 서운한 감정이 차곡차곡 쌓여간다. 그래도 결국, 아픈 감정은 덮어두고 내리사랑, 맹목적인 자식 사랑은 또 시작된다.

나이를 먹으면 지갑은 열고 입은 닫으라는 흔한 말도 잘 실천해야 한다. 그러나 살아온 경험을 얘기해주고 바른길을 알려줘도 잔소리로 치부할 때는 보고도 못 본 척 알아도 모른 척해야 자식들과도 좋은 관계를 유지한다는 게 현실이다.

하얗게 태워진 노년은 연탄재처럼 이리 차이고 저리 차이며 갈 곳 없어 헤매는 노인들도 볼 수 있다. 그런 부모들도 역시 자식에게 원망 않고, 눈뜨고 감는 시간까지 자식만 잘되길 바라는 마음일 것이다.

하얗게 태워 쓸모없는 재라도 함부로 하면 안 된다는 걸... 쓸모없어진 부모들도 한때는 뜨거운 사랑으로 자식들의 희생양이 되었다가 요양원에서 하얀 재를 닮은 모습으로 세상에서 치워지기를 기다리고 있다. 장수 세대를 살아가는 요즘 노인들은 그마저 반갑지 않아 수원처럼 어서 죽기를 입버릇처럼 웅얼거린다. 간당간당 꺼져가는 목숨줄은 발달 된 의술에 생명을 끌어 붙들고 놓아주지 않는다. 노인들은 자식들에게 죽지 않고 오래 살아 민폐를 끼칠까 눈치를 봐야 하는 신세가 되어간다.

세상은 빠르게 바뀌어 간다. 우리 부모가 그랬고 우리 세대도 여전히 바뀌지 않는 건 목숨을 다. 바쳐도 아깝지 않은 자식 사랑이다.

그래서 부모님 마음을 하늘보다 높고 바다보다 넓다는 노래 가사도 있다.

서서히 사그라들 연탄불처럼 하얀 재가 될 날은 다가오지만, 아직 버리지 못한 자식 걱정에 이 땅에 많은 부모는 동동거리며 하루를 보낸다.

호주에서 일주일

겨울에도 부겐발리아꽃이 피어있는 호주에서 일주일을 보내고 돌아왔다. 호주 시드니에 사는 가까운 지인 집으로 시댁 식구들과 여행을 다녀왔다. 아주버님 부부, 우리 부부, 시누이 부부, 이렇게 컨디션 조절도 하고, 사고 날까 조심해가며 다녀 왔다. 고맙게도 남편의 친구 부부는 우리 일행에게 정성을 다해 챙기며 무사히 여행을 끝낼 수 있게 도와주었다.

여행 일정은 친구분이 나흘을 가이드를 해주시고 사흘은 현지 관광회사를 통해 식구끼리 돌았다. 아침 일찍 수상버스를 타고 시드니 오페라 하우스로 향했다. 많은 사람 중 눈에 띄는 백발의 외국 노인들이 꽤 인상 깊었다. 멋지게 노후를 즐기는 노부부들의 모습이 여행지라 그런지 눈길이 자꾸 갔다. 배에서 내려 조금 걸으니 사진 속에서만 볼 수 있던 근사한 오페라하우스가 보였다 내부는 볼 수 없었지만, 건물이 바깥도 웅장하고 특이해서 식구들과 호주 방문 기념 촬영을 했다. 가까이에 영화 속 장면처럼 거대하고 멋진 하버브릿지가 보인다. 세계에서 꽤 유명한 다리라고 한다. 매년 새해를 기념하며 불꽃놀이 무대로도 쓰인다고 한다. 호주인들의 자부심과 자랑이 될만한 다리를 배경으로 사진도 많이 찍었다.

오래 걷다 보니 허기가 졌다. 여행도 식후경이라 했던가. 먹거리를 찾아 나섰다. 한인 마트랑 중국 마트에서 식재료를 찾아보았다.

처음 보는 채소들이 많았다. 우리나라의 가지를 보다 중국 마트에 있는 몇 배는 큰 크기의 가지에 놀라고, 많은 물량의 식재료 앞에서 또 한번 놀랐다. 주섬주섬 담은 갖가지 생소한 채소와 과일 빵들을 보니 호주에 와 있다는 걸 실감했다.

간단하게 점심을 해결하고 몇 군데를 들러 들어왔다.

다음날 켄버라를 찾았다. 그곳에는 국회 의사당이 있고 박물관과 전쟁기념관이 있었다. 국회 의사당에 들어갈 땐 간단한 검사로 통과를 시키는 것에 그것도 놀랄만했다. 우리나라 국회 의사당엔 언제나 출입을 할 수 있을까?

세 곳을 관람하고 돌아서는데 세계 각국의 대사관들이 보였다. 다른 나라 국기 속에 태극기 찾기에 눈들이 바빴다. 펄럭이는 태극기가 달린 건물을 발견하고 모두 좋아했다. 어디를 가든 태극기를 보면 반갑고 뿌듯하다.

호주는 대로변을 따라 유칼립투스 나무가 큰 키를 자랑하며 끝도 없이 펼쳐있다. 나무가 많아 산불이 많이 나지만 유칼립투스 나무는 생명력이 강해 다시 살아난다고 한다. 또한 몇 년에 한

번씩 껍질을 벗어내는 신기한 나무여서 만져보니 시멘트 기둥처럼 단단했다. 그 목재를 이용해서 수상 가옥도 짓고 전봇대로도 쓰인다고 했다.

  강철같은 나무를 호주에 있는 일주일 내내 볼 수 있었다. 바다가 많은 호주는 해변을 따라 근사한 집들이 아기자기 지어있으며 바다를 자유롭게 사용 할 수 있는 요트도 많이 보였다. 자동차를 주차하듯이 집 앞바다에 즐비했다.

  되돌아오는 길에 해변을 들렀다. 해변 언덕 모래밭에는 민들레를 닮은 꽃들이 겨울을 잊고 예쁘게 피어있었다. 넘실대는 바다에는 호주의 젊은이들이 한겨울 날씨에도 수영을 하고 젊은 남자들은 높이 치솟는 파도를 타며 서핑을 즐기는 모습에 감탄이 절로 났다.

  바다만 바라보던 우리에게 친구분은 우리를 이끌고 모래밭으로 데려갔다. 남자들한테 부인들의 이름을쓰게 한 뒤 사랑한다고 쓰라 했다. 쑥스러운 남자들은 부끄러운 모습을 감추고 시키는 대로 써줘서 여자들에게 가슴 따뜻한 감동을 주었다. 작은 이벤트였지만 친구분한테 고마웠다.

다음날 친구의 지인께서 우리를 한국에서 왔다고 하니 집으로 초대한다고 해서 따라나섰다.

호주인 남편과 한국인 부인의 저택은 너른 앞바다가 장관인 근사한 집이였다. 푸른 바다가 보이는 테라스에서 멋진 풍경을 365일 동안 볼 수 있는 집이었다.

주변에는 무성한 나무들이 있고 새장 안에서나 볼 수 있는 야생 앵무새가 식구처럼 매일 모이를 먹으러 그 집을 찾아오는 모습을 직접 볼 수 있었다. 눈 앞에 펼쳐지는 실제상황에 놀라웠다. 새 모이 주는 에도 정성을 다하니 앵무새도 색깔이 너무 곱고 예뻐서 그 집과 잘 어울리는 가족 같았다. 멋진 주택에서의 음식은 랍스타와 감자수프로 예쁘게 데코레이션을 했다.

호주 남편은 고급 레스토랑 분위기처럼 고기

와 샐러드 등 잘 차린 상차림에 코스요리로 과한 대접을 해줬다. 정성을 다해 접대해준 현지 부부에게 우리는 많은 박수로 인사를 했다.

다음날 유람선을 타고 돌고래를 보러 가던 날 가이드분이 가족여행을 하려면 네 가지가 충족되어야 한다고 했다.

시간, 건강, 경제, 부부협조, 네 가지가 맞아야 한다는데 무리 없이 온 것에 감사한 마음이 든다. 차창 밖으로 내다보니 옷차림이 다양하다. 한겨울에도 반팔 차림에 반바지도 입고 두꺼운 옷도 입고 이상할 정도다. 해변을 걷다 보면 부리가 긴 펠리칸이 유유히 사람들 옆을 거니는 평화로운 모습도 호주에서만 볼 수있는 동화책 속의 그림 같다.

다음날 넬슨베이 크루즈 여행은 야생 돌고래를 보기 위해 배를 타고 바다로 나갔다. 돌고래를 보기 위해 오는 관광객 중에 90 프로가 한국인이라고 했다. 그중 우리 일행도 속해있으니 머리가 끄덕여진다. 날씨가 맑아야 야생 돌고래들이 나온다고 한다. 한참을 배를 타고 가는 도중에 돌고래가 나타났다고 웅성거리는 쪽으로 가보니 꼬리 쪽 약간하고 등만 조금 볼 수 있어 아쉬웠다.

볼거리 하나를 찾아 두세 시간을 차로 이동하고 다시 돌아오는 시간 들이 너무 길어 아쉬웠다. 잠시라도 볼거리 놓칠세라 달리는 차 속에서도 밖을 내다보았다. 중간중간 길옆에 늘어선 울창한 나무숲과 풀을 뜯는 양들의 모습도 볼거리였다. 호주에는 야생 캥거루가 벌판을 다닌다고 하기에 열심히 찾아보았지만 볼 수는 없었다.

되돌아오는 길에 아나베이 사막이 있는데 모래 썰매타기가 젊은이들은 재미있다고 하지만 칠십 줄에 든 우리는 먼발치에서만 바라보았다. 그곳 근처에는 또 다른 낙타 타기 체험이 한창이었다. 그것도 젊은이들만이 누릴 수 있는 놀거리 같아 다른 곳으로 눈을 돌렸다.

멋진 바다의 파도가 어마어마했다. 호주는 곳곳에서 바다의 볼거리가 있어 여행자들에게 마음과 몸을 충전해준다. 종일 차에서 꼼짝 없이 긴 시간을 달려 숙소에 들어왔다 남자들은 낚시를 좋아해서 숙소 가까이에 있는 아쿠나베이에 밤바다로 나갔다. 손바닥 굵기에 은갈치가 잘 잡힌다며 흥분된 마음으로 두 번을 나갔지만 한 마리도 잡지 못해 많이 아쉬워했다. 여자들은 모여서 살아온 인생사를 주거니 받거니 밤을 보냈다.

마지막 날 비가 부슬부슬 내렸지만 포기할 수 없는 일정을 위해 차에 올랐다. 여러나라의 관광객들이 가고 싶어 하는 블루 마운틴에는 당연히 다양한 나라의 사람들로 붐볐다. 그곳엔 레일웨이 스카이웨이 케이블카 워크웨이등을 이용해서 블루 마운틴의 아름다움을 볼 수 있었다. 안개가 자욱해서 멋진 자연을 마음껏 볼 수는 없었지만 호여행 중 최고의 볼거리와 풍경이었다. 시내로 나와 한식당을 찾아서 된장국과 김치찌개로

메뉴를 주문했는데 양이 많은 것에 놀라고 맛에 놀랐다. 한국 식당에 외국인 손님들이 꽉 차 있는 것도 뿌듯했다.

배를 든든히 채우고 마지막 일정으로 동물원에 갔다. 호주하면 떠오르는 동물은 캥거루와 코알라 에뮤다. 첫 번째 만난 게 코알라였다. 코알라는 살아있는 인형이라고 부른다고 했다.

여러 마리를 보았는데 모두 나무에 매달린 채 코를 박고 웅크린 모습으로 잠만 자는 모습이 너무 귀여웠다. 잠을 많이 자는 이유는 코알라가 좋아하는 유칼립투스 나무에 알콜 성분이 많아 그렇다는 설도 있다고 한다.

가까이에서 캥거루의 귀여움도 볼 수 있어 좋았다. 규모는 작았지만 지루하지 않게 많은 동물을 짧은 시간에 볼 수 있었다. 긴 시간을 함께했던 가이드분과 마지막 인사를 하고 친구분과 만나 시드니 야경을 보러 갔다. 멀리 보이는 하버브릿지를 주변으로 아름다운 호주의 밤을 보았다.

그리고 더 아름다운 본다이비치 해수욕장에 도착했다. 철썩이는 파도와 끝도 없이 긴 모래밭은 여름이면 많은 인파가 즐기는 최고의 해수욕장이라고 설명했다 비가 오는 본다이비치 밤 바다에서 밤 배 노래가 절로 흥얼거려졌다.

한국에 오기 전날 저녁으로 남편 친구분은 갈치 조림 민어 조림 연어회에 고구마를 한상 차려 과한 대접을 해줬다. 우리 일행에게 애써 주신 친구 부부에게 감사한 마음을 전하고 싶었다.

그리고 한겨울에도 다육식물이 자라고 꽃들도 살아있는 포근하고 고요한 나라 호주를 잊지 못할 것 같다.

썬글라스

　오래전 시골 살 때 동네 언니들은 서울에 돈을 벌러 갔다. 댕기 머리에 보따리 하나 들고 고향을 떠났다. 버스 안내양이나 남의 집 가정부를 한다며 떠나던 언니들이 생각난다.

　일 년쯤 지날 때면 고향에 오는 언니들은 수돗물로 세수해서 하얀 얼굴로 촌티를 벗고 돌아왔다. 멋이 들린 언니들은 굽 높은 뾰족구두에 짧은 치마 입고 도시녀로 변신해서 돌아왔다.

　어린 우리는 서울을 가봤다는 사람들만 봐도 난리가 났을 때였다. 멋쟁이가 되어 돌아온 언니들을 부러워했다. 뽀얘진 얼굴이 신기하기도 하고 말투도 서울깍쟁이 말을 쓰려고 애를 쓰는 모습이 우습기도 했다. 한껏 멋을 좋아하는 언니들은 어디에서 구했는지 검정 썬글라스까지 끼고 나타났다. 한 번쯤 써보고 싶기도 했으나 감히 그런 말을 할 수 없는 큰 언니들이었다.

  예전엔 아무나 썬글라스를 못썼다. 서울쯤은 갔다 오거나 부잣집 아들이나 놀던 오빠들이 폼 잡던 귀한 물건이었다. 지금에야 부러울 것도 없이 너나 나나 다 쓸 수 있는 필수품이 되었다.
  언젠가 TV에서 젊은 남매가 울면서 말하던 게 기억이 난다. 해외여행을 다녔던 엄마를 기억하며 돌아가신 뒤 앨범을 보았다고 한다. 일곱 명쯤 모여서 찍은 사진에 엄마만 썬글라스가 없이 찍혔다고 서글퍼했다. 남매는 사진을 본 순간 너무 많이 울었다고 했다. 조금만 신경 썼으면 엄마에게도 멋진 걸로 사줬을 텐데 몇 푼 안 되는 것을 못 사드려서 후회된다고 했다.
  나도 그다지 좋은 것은 아니지만 눈만 편하면 된다 생각하고 쓴다. 비싼 브랜드를 가지고 싶다는 욕심도 없다. 수수한 색상에 눈을 보호하고 바깥세상을 편히 보면 된다 생각한다. 나갈 때 부담 없이 가방 속에 푹 넣고 다닌다. 잃어버려도 망가져도 아무 미련없는 평범한 거면 충분하다.

이번에 첫 시집 출간 기념으로 며느리가 유명 브랜드의 고급 썬글라스를 통 크게 사줬다.

이제부터는 썬글라스가 아니고 모시고 다니는 귀한 물건이 될 것 같다. 외출해서는 가끔 가방 속을 뒤져 있는지 확인도 해야하는 지켜야 할 책임이 막중해진 물건이 되었다.

법정 스님은 무소유를 말씀하셨다. 없을 땐 편안하지만 비싼 물건을 지니는 순간 마음이 불편해 진다 했다. 지켜내야 하는 부담이 생기기 때문일 거다 그 말씀에 크게 공감이 간다.

며느리가 비싼 가방이든 지갑이든 뭐라도 사줄 땐 미안하다. 한 푼이라도 저축해서 잘사는 걸 보는 게 부모 마음인데 자식들 돈을 축내는 게 여간 마음이 불편하다.

'그래 너희들이 사준다면 받을게. 고급브랜드는 내가 아끼고 아꼈다가 너희들에게 다시 돌려줄게. 비싼 건 나보다 젊은 애들이 더 어울릴 테니' 하는 마음으로 받았다.

좋은 선물을 받고나서 옛날 고향 언니들이 생각이 났다. 옛날엔 가질 수 없어 마냥 부러워만 했던 걸 이젠 선물로 받은것이다. 나는 지금 최고급 브랜드를 받은게 마냥 미안하고 부담스럽다.

그래, 고맙다. 나를 생각하며 큰 선물을 사준 며느리에게 고맙다는 말을 전하며...

나훈아 콘서트

 고향 역을 부르던 이쁜이 꽃분이 들이 익어가는 노년에 나훈아 콘서트에 갔다. 자식들의 보호를 받으며 입장을 했다. 고향역을 부르던 꽃 같은 시절엔 나훈아 오빠에 취했었다. 추석에 동네 콩쿨 대회에서 나훈아 노래를 부르던 오빠들도 이제는 같이 늙어 간다.

 우리 부부도 아들이 데려다준 고양시 체육관 콘서트장에 부푼 마음으로 자리를 찾아 앉았다. 나훈아는 남편이 좋아해서 애들이 어렵게 표를 구해줬다.

 나훈아도 팬들도 함께 늙어 간다. 옛날의 기억 속 젊음을 상상하며 즐거운 시간을 보낼수 있었다. 머나먼 고향, 사랑은 눈물의 씨앗, 해변의 여인, 영영, 홍시, 노래 인생 55년이 된 나훈아는 추억이고, 고향이고, 팬들은 그를 신처럼 열광했다.

애송이 시절부터 노년이 되도록 오빠 부대를 몰고 다닌다. 팬들과 인생을 말하고 어떤 세월을 보냈는지 마음이 통하는 가수다.

관객들도 대다수 늙수그레한 노년에 이르는 사람들이다. 젊음의 열정으로 지르던 환호도 박수 소리도 예전만 못하다. 시간이 많이 흘러 젊은 날 환호는 약해져 갔지만 여기서는 은발의 모습으로 같이 닮아가는 가수를 보고 있다. 눈으로만 즐길 팬들앞에 가수도 예전에 강했던 카리스마가 다소 순해졌다. 점점 부드럽게 세월을 받아들이는 듯 그렇게 보였다.

어렵던 시절 나훈아의 노래로 위로를 받던 팬들도 왕처럼 대접받던 가수도 머리에 하얀 세월을 이고 같은 시간을 보냈다.

두 시간 반이란 시간을 딱딱한 의자에 앉아 가

수에게 보내는 예의라 생각하고 손바닥이 아프도록 열심히 박수를 쳤다. 관객으로서의 책임도 잊지 않았다.

집으로 돌아오는 택시 안에서 동년배 같은 기사님도 나훈아의 전설을 얘기한다.

"앞으로 그렇게 멋있고, 노래를 잘 부르는 가수가 나올 수 있을까요?"라며 극찬을 아끼지 않으신다. 대한민국에 가왕은 나훈아라는 셋만의 결론까지 지어가며 즐거운 여운을 안고 집에 도착했다.

한옥에서 돌사진을

 초록이 한층 짙어가는 여름이다. 외손녀 돌 사진이 예약된 날이다. 아직 돌은 한 달이 남았는데 편의상 미리 날을 잡아 찍는 것도 괜찮다 싶었다. 얼마 전 사진 찍는 장소를 미리 가보자고 딸이 연락이 와서 함께 다녀왔다. 서울 종로에 있는 한옥 마을이 궁금하기도 하고 손녀와 함께 하루를 보내는 것도 좋을 듯했다.

 사위, 남편, 딸, 손녀와는 한차로 한옥 마을을 찾았다. 외국인들이 많이 찾는 여행 코스라고 했다. 예약된 시간에 한옥을 찾았다. 대문에 들어서는 순간 보인 미음 자 기와집은 마당이 좁아 보이고 낡은 곳도 더러 있었다. 아마도 지금 그곳에 살라면 싫다고 했을 것 같다. 불편한 점들이 많아 보였다. 작은 기와집엔 툇마루, 꽃밭, 옹기종기 붙어있는 방과 거실이 그냥 영화를 찍기 위한 세트장처럼 다소 불편해 보였다. 예약된 장소로 가보니 한복을 골라 입고 낯을 가리는 아가를 이르고 달래며 준비하고 있었다.

옷을 차려입고 다른 한옥 세트장으로 이동을 했다. 돌 사진 하나 찍기를 온 식구가 출동하고 사위는 하루 휴가를 내서 복잡한 서울 종로를 찾는 게 맞는 걸까? 너무도 달라지고 풍요롭기는 하지만 우리 때 풍경과는 비교되는 날이었다.

사십육 년 전 아들의 돌 사진을 못 찍어줘서 마음이 아팠고, 부모를 원망했던 때가 있었다.

돈 만 원이면 찍을 수 있었는데, 어른들 눈치를 보느라 돌을 넘겨버려 남의 집 애들 돌 사진만 봐도 기가 죽던 시절이었다.

딸이 태어나도 돌 사진을 못 찍어주었다. 마음에 걸려 딸이 두 돌이 되기를 기다렸다. 아들은 일학년이 되었는데도 둘 다 한복을 입혀 더 늦기

전에 사진을 찍고서야 마음의 위로를 받았다.

  오늘 딸과 사위는 곱게 한복을 입고 손녀와 함께 젊고 예쁜 시절을 남겨두기 위해 아침부터 서둘렀다. 앙증맞게 웃음 가득한 아기 때의 기록을 사진첩에 담기 위해 불편한 옷도 참고 사진작가의 지시에 따라 여러 표정을 연출해냈다.

  손녀는 영문도 모르는 행사에 낯선 사람들 등장이 불편한 기색이다. 사진 찍기 위한 포즈는 아랑곳없이 좋아하는 뻥튀기 과자만 요구한다. 찰나에 가장 멋진 표정을 찍어야기에 사진작가도 도움을 주는 직원도 까꿍까꿍, 곰 세 마리 동요를 많이도 불러야 했다.

  그래도 프로답게 한컷 한컷 정성을 담고 딸과 사위도 열심히 작가의 지시에 따라 어색함을 감추려 노력하는 모습이 힘들지만 대견했다.

  한옥 세트장은 계절 따라 어울리게 꽃장식도 바꾸며 등장인물들을 돋보이게 하는 장소이다.

우리 손녀는 여름에 태어났으니 수국꽃이 소담스럽게 장식한 곳에서 예쁜 모습을 찍었다. 성인이 되어 아기 때의 모습을 보도록 준비를 해주는 엄마에게 고마워하리라 생각이 든다.

한옥과 한 몸처럼 장독도 등장하고 돌 상을 준비해 두어서 돌날을 연상하게 하는 모습도 잡아주었다. 돌잡이는 무엇을 잡을까? 하는 기대감도 만들어내며 서지도 걷지도 못하는 손녀는 두 벌의 한복을 갈아입으며 영문 모를 상황을 즐기기도 했다.

비누 방울에 취해 미소 짓는 표정을 감쪽같이 웃는 모습으로 만들었다. 한 시간이 넘도록 정신없던 사진작가의 임무는 끝이 났다. 딸과 사위는 두 번 하라면 못할 것 같은 표정을 지어 보이며 잘 참아준 손녀를 대견하게 바라보았다.

무엇이든 자식이 하는 일은 다 해주고 싶고 원하는 만큼 부모는 최선을 다하는 건 지금 세대나 우리 세대도 같다.

 물질적으로 풍부한 지금과 여유 없이 궁핍했던 우리 때와 비교가 되고 아쉬움이 많은 날이었다. 오늘은 사십 년이 넘은 사진을 찾아보고 그 시절을 떠 올려 보고 싶다.

엄마의 위로

불이 활활 타는 아궁이 앞에 불 멍을 하듯 쪼그려 앉았다. 엄마가 나에게 할 말이 있는 듯 조용히 내 옆자리에 앉으셨다.

한참 말없이 계시던 엄마는 조심스레 말을 꺼내셨다. '돈은 있다가도 없고, 없다가도 생기는 거란다. 지금은 어려워도 잘 살날이 올 거니 실망하지 말고 살라'고 하셨다. 나는 아무런 말도 친정 가서 해 본 적이 없고, 어렵다고 투정을 부린 적도 없는데 엄마 눈에 비친 내 모습은 가난에 지쳐 힘없는 모습이었던 것 같다.

친정에 가면 초라한 내 모습과 삐쩍 마른 나를 누가 뭐라 할까 엄마는 변명하기 바빴다.

'얘가 요즘 살 뺀다고 저렇게 말랐네요'

물어보지 않는 이웃들을 향해 내 딸은 잘살고 있다고 목소리를 내셨다. 나는 살면서 누구에게도 아쉬운 소리 해 본 적 없고, 아이들을 키울 때도 돈 때문에 기죽게 한 적도 없었다.
　주어진 삶에 맞춰 안 쓰고 안 입고 적은 돈이라도 저축했다. 궁상맞기는 했을지언정 지금까지 떳떳하게 누구를 힘들게 한 적은 없다. 그렇게 살았으니 엄마가 보기에는 안쓰럽고 딱해 보였었나 보다.

　어느 해 여름, 친정에 갔더니 토종닭에 인삼을 사서 푹 고아주셨다. 어릴 때부터 입이 짧아 식성이 까다로운 나는 늘 말라 있었다. 삼계탕은 입에 안 맞아 많이 먹지 못하고 인삼을 넣어 싫다고 했다. 엄마가 얼마나 안타까웠을까? 뭐라도 실컷 먹여 보내면 엄마가 마음 편히 보낼수 있었을 텐데 갈 때마다 먹는 걸 거부했었다.
　늘 막내딸이라고 마음을 쓰던 내게 뭐라도 해주고 싶었겠지만, 엄마도 줄 것 없는 빈손이었기에 얼마나 속상하고 답답했을까. 친정에서 며칠 머물다 집에 갈 때면 당신이 아끼고 모아놓은 오백원짜리 종이돈 몇 개를 돌돌말아 손에 쥐어주던 엄마의 마음을 이제야 알 것 같다.

엄마의 말씀대로 돈이 없던 시절 친정에 가는 것도 어려울 때였다. 엄마가 계시니 일 년에 두 번은 가야 했다. 여름에 한번, 겨울에 한번, 풍족하지 못한 살림에 보태준 것도 없었지만 살림엔 축이 났다. 그래서 친정에 다녀오면 한동안은 쪼들려서 지내야 했다. 못 해주고 온 것이 마음이 쓰여 친정엔 안 갔다 온 것만 못한 마음이 불편했다. 그리고 또 엄마는 늘 말씀하셨다. 남들은 남편한테 맞고도 사는데 너의 남편은 착하니 감사하고 살라 하셨다. 없는 것 탓하지 말고, 살다 보면 잘 살날이 올 거라고 나를 토닥이셨다.

88년도에 21평 아파트를 샀을 때 엄마는 흐뭇해하시며 이젠 잘살고 있구나, 안도의 숨을 쉬셨다. 지금은 엄마 말대로 아쉬움 없이 잘살고 있지만 내가 잘사는 걸 보고 싶던 엄마는 이십 년 전에 돌아가셨다. 그리고 나는 엄마가 말하던 착한 남편과 크게 다툼없이 엄마의 가르침대로 늘 감사한 마음으로 살아간다.

  잘살고 있는 모습을 엄마에게 보여드리지 못해 아쉬움이 남는 건 2000년도에 34평 아파트를 분양 받았던 때였다. 엄마가 거동을 못 할 때라 집에 모시지 못해 지금도 후회로 남는다.

  나도 지금은 다 큰 자식들이 아쉬움이 없이 평범하게 사는 모습에 마음이 놓인다. 엄마처럼 나도 자식들에게 모든 걸 감사하고 살라고 한다.

  사위 착하고 며느리 착하니 고맙고, 감사하다. 엄마에게 배운 대로 내 자식들에게도 가끔 당부의 말을 전하고 싶지만... 내 역할은 거기까지다.

  오랜 시간이 흘렀어도 아궁이 앞에 앉아 토닥이던 애잔한 엄마 얼굴이 떠오른다. 그 모습을 살다가 어려울 때마다 꺼내서 힘을 내서 살고 있다.

곤지암 화담숲

 이른 새벽 시댁 형제들과 곤지암 화담숲을 찾았다. 가까운 거리에도 좋은 볼거리가 있다는 걸 몰랐는데 딸이 인터넷으로 고맙게도 예매를 해줬다. 화담숲 다녀온 사람들 얘기로 LG에서 운영하는 거라고 들었다. 봄, 가을이 예쁘다고 했다.

 2시간 조금 넘게 걸려 도착한 화담숲에는 이른 아침부터 북적였다. 첫 입구에 들어서니 민물고기 생태관이 있었다. 시골에서 보았던 꺽지, 메기, 쉬리, 미꾸라지, 붕어들이 맑은 물속에 수초랑 잘 어우러져 다시 볼 수 없던 맑은 강을 보는 것 같아 잠시 고향 생각이 났다.

 넓은 산길을 데크로 깔아 유모차도 다닐 수 있고 걸음 걷기에 불편한 사람들도 자유롭게 보행을 할 수 있었다. 숲속 곳곳에는 생강나무, 물푸레나무, 병꽃나무, 두릅나무, 소사나무, 박달나무, 고로쇠나무 등이 여행객들을 맞이해 주었다.

야생화 노랑 선국이 가을 판을 깔고 구절초도 개미취꽃도 이름 모를 외국 보라색 꽃들도 한창 관광객을 불러 모으는 중이었다. 강원도 인제에서 유명하다는 자작나무를 화담숲에서 즐길 수 있는 것도 행운이었다. 자작나무에 매달린 이름표 설명에는 불에 탈 때 자작자작 소리가 난다 해서 자작나무라고 쓰여있다.

숲길에는 사진을 찍을 수있는 공간을 만들어 추억을 많이 담도록 배려하는 마음이 배부르게 대접을 받는 기분이 들었다. 반 정도 가다 보면 중간중간 폭포수 떨어지는 소리를 들을 수 있다.

깊은 산속을 거닐듯 지루하지 않은 풍경에 오기를 잘했다고 생각했다. 걷다 보면 많은 새들이 사는 양치식물원이 있는데 삼 십여 종의 새들이 산다고 한다.

뻐꾸기, 딱따구리, 참새, 딱새, 오목눈이 새 등이 있다고 써 있지만 새들은 볼 수없었다. 어딘가에 있을 새들을 생각하며 걸으니 피곤하지 않았다. 많은 종류의 식물들이 새소리를 들으며 커갔을 모습이 눈에 그려졌다. 흔히 볼 수 있었던 식물은 부처손, 담낭화, 옥잠화, 복수초, 맥문동, 고사리과에 속하는 고비 종류들이 많이 보였다.

조금 더 걷다 보면 소나무들의 웅장한 모습이 보이는데 평범한 소나무는 별로 없고, 신기하게 꼬이고 뒤틀리고 넘어져 눕다시피 한 소나무들이 너무나 많아 전국에 희귀한 소나무를 다 모아 놓은 것 같았다.

거의 끝에 다다를 무렵 분재들이 작은 크기지만 멋지게 반겨 주었다. 긴 세월을 다 품은 듯 늠름하고 당당한 모습에서 우아함까지 풍기고 있었다. 백년을 넘긴 소사나무와 구십이 넘은 소나무, 오랜 세월을 버텨온 단풍나무, 명자나무, 모과나무들이 내가 살아온 칠십 나이보다 훨씬 많은 세월의 풍파를 이겨내고 흐트러짐 없이 살아낸 모습 같아 감탄이 절로 났다.

마지막 데크길에 다다르자 핑크뮬러 숲이 의자를 내주며 사진 찍기를 권하는 듯해서 가족들과 예쁘게 하트모양을 만들어냈다.

그중 제일 눈에 띄는 것은 LG 구본무 회장님의 기념비였다. 산을 가꿔 많은사람들에게 사랑을 받을 수 있던 내용과 회장님 가족사진이 인상적이었다. 화담은 회장님의 아호이며 마음을 터놓고 정담을 나눈다는 뜻이라고 했다.

숲을 가꾸는데 이십 년이 걸렸다고 하지만 수많은 관광객이 즐길 수 있는 세월은 영원하리라 생각이 든다.

고운 단풍을 기대하고 갔지만 올해 여름 더운 날씨 탓에 11월 초에나 절정을 볼 수 있다고 해 아쉬움을 남기고 벚꽃 피는 봄에 다시 화담숲을 찾기로 했다.

겨울엔 겨울이가 그립다

　집 밖에 나서면 예쁜 강아지들을 흔히 볼 수 있는 세상이다. 공원에도 둘레길에도 한 시간만 돌아도 여러 종류 애완견들을 만날 수 있다.
　TV에서도 동물에 대한 프로가 몇 개 채널에서 나온다. 동물들의 아픈 곳을 치료하는 수의사들도 마음을 읽어내는 애견 훈련사들도 탈랜트 만큼이나 유명세를 타고 있다. 예전에 비하면 동물들도 사람만큼이나 대접을 받는 세상이 왔다. 이름도 세련되고 앙증맞다. 가족을 부르듯 다정하다. 애완견들의 엄마 아빠가 되어 마구 마구 애정을 쏟아붓는다.

　옛날의 강아지 이름들은 손가락 안에 꼽힐 만큼이었다. 메리, 덕구, 워리, 쫑 이라고 부르던 시절 그 개들은 똥개 정도로 취급받았다. 길바닥이나 방구들에 아가들이 싸놓은 똥들을 말끔히 치워주는 청소부 역할까지 했다.

때로는 시부모에게 야단을 맞아 억울한 며느리들의 화풀이 대상도 되어주었다. 죄 없는 개에게 소리 지르고 한 번쯤은 부지깽이로 엉덩이쯤은 후려갈겨 보았을 거다. 어려운 시절엔 한 몸 바쳐 어려운 살림에 보태기도 하고 정든 개를 팔아 아이들 학비에도 유용하게 쓰기도 했다.

세상이 바뀌니 강아지들도 달라졌다. 요염하고 귀티가 흐른다. 고급사료와 수제 간식을 먹고 애견 유치원도 다니고 애견카페에도 깜찍한 옷을 입고 드나드는 세상에 살고 있다. 그러나 개를 싫어하는 일부 사람들은 끌끌 혀를 차며 한심한 눈빛을 보내기도 한다.

집안에서 1순위는 자식이고, 2순위는 강아지고, 3순위는 남편이고, 4순위는 시부모라고 웃자고 하는 말들이 사실처럼 들리기까지 한다. 나도 거기에 토를 달 수 없는 사연이 있었다.

　이십여 년 전 겨울에 왔다고 겨울이란 이름을 지어준 코카스파니엘을 잠시 키웠던 경험이 있다. 지금도 그 강아지의 눈빛을 잊을 수가 없다. 강아지 한마리 키우는 게 애 하나 키우는 공이 들기에 나는 늘 반대하는 입장이었다.
　가족들은 이뻐만 할 줄 알지 뒷 처리나 목욕은 내손이 가야 했다. 강아지는 안된다고 극구 말리는 나를 무시하고 애들은 무작정 전화도 없이 데리고 왔다. 그리고 결국 겨울이가 우리 집에 오던 날 부터 내 차지가 되었다.

　바쁜 내 손은 더 바빠졌다. 그래도 정이 들어가며 힘은 들었지만 예쁘고 사랑스러워 밖에 나갔다가도 겨울이가 보고 싶어 서둘러 달려왔다.
　식탐이 좋아 어려운 살림 축을 거덜 내던 겨울이는 한없이 먹을 듯 마구 먹어댔다. 줘도 줘도 끝이 없었다. 사료를 주려 하면 눈에 불을 켜고 달려드는 먹보였다.

 많이 먹은 만큼 덩치도 크고 짖어대는 목소리도 점점 커져 아파트를 울릴 정도였다. 당연히 관리소에서 여러 번 민원이 접수되어 집으로 찾아오기도 했다. 더 이상은 한 식구로 살아가기를 포기할 때가 된 것을 알았다. 서로 눈만 마주쳐도 꿀이 뚝뚝 떨어지고 달달한 시간을 보내고 있을 때였다. 영리한 겨울이의 애교는 점점 늘어가는데 헤어져야 할 시기를 정해야 했다.

 이렇게 할까? 저렇게 할까? 많은 고민 끝에 강원도 친정집에 보내기로 했다. 마당도 넓고, 조카들도 많으니 사랑받고 살 거란 믿음으로 결정했다. 언제라도 친정에 가면 만날 수도 있어 적절한 선택을 한 것이라는 생각에 마음이 놓였다. 다음 날 서둘러 친정집으로 겨울이를 데려갔다.

 친정집엔 늘 아프던 엄마가 걱정스러운 눈빛으로 겨울이가 온 것을 반기지 않으셨다.

오빠와 올케도 식당을 하고 있었을 때다. 밥만 주면되는 혼자 크는 개도 아니고 사람 손이 필요하다보니 모두가 걱정스러운 눈빛이다.

심황을 모르는 겨울이는 낯선 곳에서도 우리 가족이 있으니 마음 놓고 천방지축이다.

다음날, 우리가 떠나야 하기에 목걸이를 채워 묶어 두려 하니 눈치 빠른 겨울이는 당황하고 서러운 눈빛으로 울부짖기 시작했다. 그 애절하게 따라가고 싶다는 몸부림은 지금 생각해도 가슴이 아프다. 우리가 떠난 후 오빠도 키울 자신이 없다고 산 너머에 있는 동네 지인에게 부탁하고 돌아왔다고 했다.

겨울이는 밤새 산 너머 집에서 울어대다 다음날 오빠네 집까지 용케 찾아 돌아왔다는 소식에 얼마나 가슴이 아팠는지, 지금도 죄스러워 강아지를 키울 자신이 없다.

가족같이 지내려고 분양을 받았으면 끝까지 책임을 져야 한다. 그렇지 않다면 아예 키울 생각조차 하지 않아야 한다고 생각한다. 중간에 다른 곳으로 안 보낸다 해도 언젠가는 무지개다리를 건너야 하는데 그 모습도 지켜볼 자신이 없다.

겨울이를 친정에 떼어놓고 올 때도 아픈 엄마의 애절한 모습보다는 울고불고 간절함에 목을 놓아 울던 겨울이의 모습이 두고두고 내 마음을 아프게 했다. 당시에는 엄마보다는 겨울이였다.

부모는 뒷전이었음을 고백한다. 추운 겨울이 오면 겨울이가 더욱 그리워진다.

옛날과 현재의 애경사

 세월이 흐르며 자연스럽게 예식문화는 수시로 바뀐다. 새로운 문화에 익숙하기 전 또 다른 문화가 시작된다. 문득 떠오르는 생각이 있다.
 예전과 사뭇 달라지는 애경사의 문화가 많이도 바뀌었다는 생각이 든다.

 예전 결혼식장에는 양가 손님들을 중앙통로를 중심으로 신부 측 손님과 신랑 측 손님을 흑과 백을 나누듯 갈라 앉았다. 가끔 신부 측 손님이 신랑 측에 앉아 있다가도 큰 실수라도 한 듯 예식 중에도 제 자리를 찾느라 어수선하기도 했다.
 한 눈으로 확인 가능한 편 가르기처럼 숫자가 많은 쪽은 목에 힘을 줄 수 있는 즉, 사돈 간에 무언의 기 싸움을 보는듯했다.

손님이 적은 쪽에는 낯부끄러운 장면을 얼른 끝내고 싶어하는 예식장의 풍경이 있었다. 더러는 주례사를 들어보며 인생을 되돌아보며 반성의 시간도 함께하던 예식 문화였다.

이제는 그럴 걱정이 없어졌다. 손님들도 구분이 없고 식당에서도 뒤섞여 예전처럼 체면을 구길 일도 없으니 당연히 손님이 적다고 기죽을 일도 없어졌다. 그런데 언제부터인가 또 다른 문화가 시작되었다. 신랑 신부 손님 맞는 입구에 화환이 들어서기 시작했다. 잘나가는 집안엔 한쪽 벽면을 다 차지하고도 모자라 겹겹이 겹쳐져 결혼식장의 분위기를 화환이 압도하는 수준이 되었다. 리본에 그럴듯한 회사 이름이나 잘나가는 지인이 있다는 걸 보여주고 싶은 마음에 앞쪽으로 잘 보이게 배치해두는 모습도 보인다.

화환의 숫자는 부와 명예 현재의 삶을 잘 살고 있는지 잣대로 쓰인다. 화환과 깃발 개 수가 그 집안의 설명서처럼 빼곡히 서 있고 하객들은 숙제라도 하듯이 화환의 개수에 그 집안의 모든 것을 가늠하고 판단하며 머리를 끄덕인다.

그렇게 바뀌어 가는 세월 앞에 준비되지 않은 채 큰일을 치러야 하는 이들도 있다. 초라한 성적표를 받아든 학생처럼 작은 화환 숫자앞에 나머지 공부라도 해야 할 듯 부끄러운 모습이다.

성실하게 주어진 삶을 살아내느라 단체생활이나 모임에 적극적이지 않던 게 원인이라 후회도 하게 되는 하루다. 어떤 사람들은 단체생활이나 동호회 필요성은 큰일을 치를 때 제일 크게 활용을 하기도 한다. 화환이 늘어나고 많은 하객의 숫자도 잔칫집 분위기에 일등 공신 노릇을 톡톡히 한다.

장례식장도 다를 게 없다. 화려한 꽃 대신 흰색의 근조 화환이 흰 물결을 이룬다. 결혼식장보다 장례식장엔 그 집안에 형제들 성공은 화환의 숫자를 보고 가늠을 하게 된다.

오십 년을 훨씬 지난 일을 떠올려보았다.

아버지의 장례식날 요령 소리에 발을 맞춰 꽃상여 뒤를 따르고 만장도 화려했었다. 울긋불긋 깃발을 휘날리며 장례식장의 꽃처럼 펄럭였었다. 구슬프게 울던 엄마는 세월이 지난 뒤에 그날을 떠올리며 인심을 잃지 않고 살았다고 자랑하셨다. 지인들의 장례식장에 없던 만장이 아버지 때는 줄을 지어 길게 둑길을 따라 울긋불긋 휘날렸다고 대단한 자부심을 갖고 계셨다.

나도 체면을 살려줄 화환의 숫자에 긴장하고 부끄러워하진 않을까?

어떤 횡재

 어머님의 환한 얼굴을 오랫만에 볼 수 있었다.
 늘 그랬듯 같은 요식업을 하는 시누네랑 큰집을 자주 만나는 편이다. 점심 장사가 끝나면 세집 부부 여섯 명과 어머님까지 일곱 명은 수시로 만난다. 친구들보다 자식들을 더 좋아하시는 어머님은 팔십 중반이 훨씬 넘으셨다. 우리 만남에 한 번도 빠지지 않고 어디든 따라 나오신다. 불편한 몸도 마다 않고 완전 껌딱지가 되어 자식들과 함께 보내신다.

 오늘도 그런 하루였다. 어머님의 환한 얼굴을 만들어 드린 주인공은 나였다. 패딩 주머니 속에 핸드폰을 꺼내다가 저녁에 모임 회비 내려던 육만 원을 떨어뜨렸다. 내 뒤에 멀찍이 뒤에 따라오던 어머님은 땅에 떨어진 돈을 줍더니 엄청 좋아하셨다. 나는 내 돈이라는 건 까맣게 모르고 어머님이 환한 웃음에 덩달아 함박웃음을 지어주었다.

그리고 잠시 후 혹시 내 돈이 아닐까 싶어 주머니에 손을 넣었더니 없다. 아뿔싸 당황했지만 평정심을 이내 찾았다. 저렇게 횡재했다고 좋아하시는 어머님께 실망을 드리고 싶지 않아 모른 척 했다. 계속 어머님은 신바람이 나셨고 식구들도 좋아하는 그 모습에 즐거웠다.

아마도 공돈이 생긴 걸로 무엇을 할까 고민을 하시는 것 같았다. 잠시 후 어머님은 가까운 곳 양말 가게를 찾아서 육만 원을 다 쓰고 오셨다.

공짜로 생긴 양말을 식구들은 골고루 나누며 산타할아버지에게 선물을 받은 것처럼 덩달아 좋아했다. 나도 마냥 웃으며 양말을 받아들었다.

몇 켤레 양말을 받아들고 다시 생각해도 웃음이 나왔다. 올겨울은 많이 춥다한다. 어머님의 횡재로 사주신 따뜻한 양말로 포근한 겨울을 보내야겠다.

복덩어리 딸

옛날 어른들은 자식 욕심이 많으셨다.

어려운 살림에 아이 낳는 걸 망설이면 더 낳으라고 재촉하셨다. 아무리 어려워도 태어날 땐 자기 먹을 것은 가지고 온다고 했다.

전혀 근거 없는 말에 많이도 망설였다. 그 시절 하나만 낳아 잘 기르자고 나라에서 열성적으로 홍보도 하고 여기저기 캠페인을 할 때다.

우리 부부는 결정을 못 하고 있을 때 남편이 예비군 훈련 가서 정관수술을 하고 왔다. 아마도 수술하면 일주일 훈련을 안 해도 된다는 꼬임에 넘어 갔을까? 의심도 해봤다. 나와는 진지한 의논도 없었다. 수술을 하고 와서 많이 후회를 하는 것 같았다. 그러나 그 시절에는 그 또한 당연한

한 거라 생각하며 받아들였다.

　보건소에서도 집으로 찾아다니며 임신중절도 무료로 해준다고 하고 아이 낳는 걸 극구 말리는 때였다. 아들 하나라 아쉬웠지만 모두 걸 내려놓고 있었는데, 정관수술이 풀려 임신이 되었다.

　남편은 수술을 후회했던 터라 매우 기뻐했다. 방 한 칸에서 아이 둘을 키워야 하는데 살림은 늘 그대로였다. 시간이 흘러 예정일보다 빨리 태어난 딸은 아빠랑 쏙 빼닮은 모습으로 우리 곁에 와주었다. 긴 시간이 흘러 어느덧 훌쩍 커버린 고집스러운 딸은 영리하고 욕심도 많았다. 다행히 먹을 것을 갖고 태어났는지 한 칸짜리 방에서 두 칸 짜리 방으로 늘려갔다.

　그 후로도 점점 살림 사정이 좋아지며 독채 전세에서 딸이 네살 되던 해에는 처음으로 아파트를 사게 되었다. 자기 먹을 것을 가지고 태어난 딸을 복덩어리라고 인정하게 되었다. 옛 어른들 말씀에도 공감하며 세상에 태어나준 딸에게도 고마운 생각이 든다.

 지금 세대는 아이를 많이 낳으라고 나라에서 독려도 하고, 많은 배려와 지원도 해준다. 인구 감소로 심각한 위기에 처했다고 하는데, 요즘 젊은이들은 어떻게 생각하는지 궁금하다.

영화관에서 생긴 일

사십오 년 전 007 썬더블 영화가 부평 금성 극장에서 개봉했다. 기숙사 룸메이트 언니랑 시간도 보낼 겸 영화관으로 갔다. 그날따라 길게 늘어선 줄들이 유명한 영화라는 걸 알 수 있었다.

나는 007 씨리즈를 좋아하는 편은 아니어서 기다리는 게 지루하게 느껴졌다. 기다리는 동안 앉을 의자가 없어 서 있어야 했다. 좀처럼 자리가 날 것 같지 않을 때 넷이서 차지하고 있던 자리에 두 사람이 일어났다.

우리들은 자연스럽게 두 남자가 앉아 있는 옆자리에 나란히 앉게 되었다. 상영 시간이 끝나는 벨 소리에 우리는 자리를 뜨고 다시 상영관 안으로 들어갔다. 뒤따라 들어오는 그들과 또 자리를 같이 앉게 되었다.

그날 상영이 시작되고 제법 긴 시간 동안 본 영화 스토리는 기억 나는 게 아무것도 없었다.

옆자리에서 치근덕거리는 남자가 있었으니 더욱 영화가 눈에 들어오질 않았다. 어쩌면 같은 시간에 같은 장소에 있었던 것은 운명 같은 인연이었을까?

그 후로 45년째 내 옆에 있는 남자는 오늘도 한집에서 같이 앉아 영화가 아닌 TV를 보고 있다. 남편의 첫인상은 좋아 보였다. 잘생기고 말도 잘하는 멋진 남자였다. 체격도 호리호리하고 호남형에 적극적인 성격이다. 첫 만남 이후로 긴 여행길을 같이 걷고 있다.

때로는 어려운 일도 힘든 일도 많았지만 늘 옆에 있는 남편이 힘이 되어주고 곁에 있어 주니 세상에 두려울 것 없이 천천히 세월을 보내며 함께 나이 들어간다. 항상 부족한 나에게도 늘 칭찬을 아끼지 않는다. 무엇이든 잘한다고 하고 최고라며 나를 응원해준 힘으로 주눅 들지 않고 내 할 일 앞에서 힘을 얻어 살아온 것 같다.

  이만하면 잘 살았다는 생각을 해본다. 영화관에서 만날 때 나이는 22살, 23살의 철부지였다. 지금은 무르익어가는 노년의 길에 버팀목이 되어 서로 기대고 살아간다.

  백세 시대라고 하는데, 앞으로 살아온 세월만큼 더 살아야 한다. 점점 쇠약해질 나이 앞에 지난 세월 반성하며 좀 더 신경 써주고 서로 배려하고 존중하는 부부로 살아야겠다.

  처음 만난 그날처럼 설레지는 않아도…

고집과 자존심으로

엄마는 늘 우리 자매 보고 고집이 세다고 말씀하셨다. 두 언니는 시집을 갔으니 심부름이나 집안일은 내 위에 언니와 나랑 맡아서 해야 했다.

그중 남의 집에 가져다주라는 건 서로 가려고 하고 빌리러 가는 건 절대 할 수 없는 심부름이 문제였다. 어느 날엔 식량이 떨어지면 옆집 작은 구멍가게에서 국수를 외상으로 사 오라고 하셨다.

우리는 서로 미루고 가기를 거부했다. 엄마는 말 안 듣는 우리에게 화를 내시며 뒷집 애들은 말도 잘 듣는다며 수시로 비교를 하셨다. 끝까지 외상 심부름을 거절하고 엄마에게 야단맞는 일도 종종 일어났다. 어린 우리도 구멍가게 아줌마의 불편한 표정쯤은 알아볼 수 있었기 때문이다.

엄마도 피차 불편하였으니 철없는 우리를 앞세워 심부름을 시킨 것 같다. 고분고분 따라주지 않던 자식들의 때 거리를 걱정하며 살았던 시절을 보낼 때다.

동네에 잔치가 있는 날, 친구들은 엄마가 일을 돕는다는 핑계로 잔칫집 주변을 종일 서성였다. 풀 방구리 쥐 드나들듯 발이 닳도록 들락이며 배가 터지도록 얻어먹었다. 보다 못한 동네 어른들은 엄마보고 음식이 흔할 때 우리 애들도 보내라고 한다며 가보라 했지만 우리는 절대 그 집 앞도 지나가지 않았다.

별걸 다 속을 썩인다며 엄마는 화를 내셨다. 우리는 결국 얻어먹지도 못하고 엄마한테 욕만 실컷 얻어먹었다. 그러면서도 엄마는 자식 입에 밥 들어갈 기회를 놓친 것에 마음 아파하셨다.

그 고집과 자존심으로 지금까지 누구에게도 받는 것보다 주는 것이 편하다 여기며 살았다.

가끔은 엄마가 일을 돕던 주변을 빙빙 돌며 배 부르게 얻어먹던 친구들이 부러울 때도 있었다. 사회성이 좋던 친구들은 어디서 무얼 하며 잘살고 있는지 궁금할 때도 있었다.

오늘 유튜브에서 장경동 목사님 강연을 들었다. 어렵던 시절 잔칫집에서 엄마가 열심히 챙겨 줘서 잘 얻어먹었다는 말씀에 문득 그 옛날이 생각났다. 어린 시절 잔칫집에서 자존심 때문에 얻어먹지 못해 엄마의 애를 태웠던 그때가 떠오른다. 그것도 불효였다는걸 이제야 알 것 같다.

해장국 손님

구부정한 자세로 노인 한 분이 자식들의 부축을 받고 들어오신다. 우리 식당은 딸, 아들, 며느리, 사위가 부모님들을 자주 모시고 오는 해장국집이다. 곳곳에 소문났다는 해장국을 사드리고 싶은 마음에 모시고 온 것 같다.

큰 기대를 갖고 자식들에게 의지해서 오시기도 하고, 꼿꼿한 자세로 곱게 나이 드신 모습으로 오시기도 한다.

자리를 잡고 앉아 주문에 들어가면 망설이며 선뜻 선택을 못하신다. 부모님께 먼저 무엇을 드실까요? 물으면 노인들은 자신의 의사와는 상관없이 자식들이 시켜주는 대로 드시겠다고 한다.

그러면, 자식들은 무얼 드실 거냐고 재차 재촉

한다. 그러면 모든 부모님들은 쉽게 "아무거나 주세요."하신다. 어쩌면 옛날 어른들은 자기주장 없이 주는 대로 드시겠다는 표현이 적절하다고 생각하시는 것 같다

가격표를 읽으신 부모님들은 제일 싼 음식을 시키기도 하지만 주로 원하는 메뉴는 아무거나 이다. 나도 자식들과 식당에 가서 무얼 드시겠냐고 하면 나 역시 자연스레 아무거나 달라고 한다.

어느 날 아웃백에 가서 알바생이 음료를 무엇으로 리필 해드릴까요? 물으면 "네, 아무거나 주세요." 그렇게 말하니 알바생은 곤란한 표정으로 옆에 있는 딸에게 눈을 돌려 물어본다.

딸은 내가 마시던 어려운 이름의 음료를 달라고 했다. 그리고 알바생이 자리를 뜬 다음은 내가 혼나는 시간이다. 아무거나가 뭐야 엄마가 원하는 음료를 말해줘야지. 나는 잠깐 주눅 들고 부끄러워진다. 나도 이렇게 자식들한테 의지를 하거나 몸에 밴 습관들이 생각 없이 툭툭 튀어나오는

걸 보면 중늙은이가 맞긴 한가보다.

  내 생각보다는 남들 의견을 존중해주고 거기에 맞춰 사는 게 예의고 미덕이라고 생각한 것이 자식들 눈에는 한심한 엄마라는 꼬리표를 달게 한 거 같다.

  구부정하고 느린 걸음으로 들어오셨던 노인분들은 자식들과 식사하는 동안 마음 편치 않게 드시는 것 같았다. 자식들의 주머니 사정 생각하고 고생해서 번 돈을 축내는 것이 미안해하시는 것 같다. 어떤 노인은 허겁지겁 식사를 끝내고 들어오실 땐 느린 걸음이었지만 카운터로 오실 땐 잰걸음으로 오신다. 꼭꼭 싸두었던 지폐를 꺼내 계산을 하시고 마음 편한 얼굴로 나가신다.

  어르신들은 자식들이 안쓰럽고 알뜰히 살면서 한 푼이라도 아껴 성공한 자식을 기대한다.

  그 마음으로 아껴서 싸매두었던 곳간 빗장을 풀어 자식들 배도 채워주고 당신들은 마른 논에 물 대는 모습 바라보듯 뿌듯해하신다.

천년만년 보살펴 줘야 할 자식들의 보호자로 착각하며 행복해하시는 것 같다.
　오늘도 어르신들의 자식 사랑하는 모습에 눈을 떼지 못하고 한침을 바라보았다. 우리 부모님도 나에게 그랬을까? 나도 우리 자식들에게 그런 마음이...

조카네 집들이

큰집 조카가 경기도 시흥 아파트에 입주를 했다. 조카는 기쁜 마음에 축하도 받을 겸 친척들을 초대 했다. 고모네랑 우리 아들, 딸네 식구들까지 모이니, 대 식구가 따로 없다. 처음 새로 집을 장만해서 들어가니 마음도 부풀어 이곳저곳 손을 댄 모습이 엿보인다.

최대한 공간을 활용하기 위해 애를 쓴 모습이 눈에 들어왔다. 35평이면 세 식구 살기에 충분해 보이고 너른 창문으로 내다본 아파트의 주변도 좋아 보였다. 놀이기구 시설이며 쉼터에 놓여 진 의자도 잔디도 쉴 수 있는 공간들이 많아 보였다.

키 높은 아파트에 숨결을 불어 넣어 예쁘게 꾸며놓은 구조가 나의 정원처럼 펼쳐 보였다.

답답한 아파트 생활에 숨을 쉬고 목 축일 수 있는 샘터 같은 느낌을 주는 최고의 공동 공간이 제일 맘에 들었다. 집을 장만하기 위해 애를 쓴 조카가 대견해 보이고 커 보였다. 이른들의 뒷받침도 남들보다 집을 일찍 장만 할 수 있었던 것 같다.

　옛날 사십오 년 전 우리 세대는 집 장만은 꿈도 못 꾸고 방 한 칸 얻는것도 어려운 시절이었다. 부모들 뒷받침은 상상도 못 했고 적은 돈으로 방 한 칸에 부엌이 있는 곳을 찾았다. 화장실은 주인집 대문을 열어야 들어갈 수 있는 구조였다.

　그 시절엔 그것도 감사한 조건이다. 아파트 거실과 주방을 같이 쓰고 방 한 칸을 월세로 들어가서 주인 눈치를 보며 불편하게 사는 사람도 부지기수였다. 애가 셋이면 방도 주지 않고 방을 주는 조건이 애가 하나거나 신혼이거나 애가 없는 사람을 주인들은 골라서 방을 줄 때였다.

세를 사는 애들이 주인집 애들하고 싸워도 이기거나 때리면 세입자는 몸 둘 바를 몰랐다.

주인 눈치를 보며 싸우고 들어온 아이를 혼내는 일도 수시로 벌어져 마음이 늘 불편하게 살았다. 더러는 집주인이라는 이유로 아랫사람 부리듯 세입자들에게 갑질을 하는 주인들도 있었다.

가끔은 연탄불을 갈아 달라고도 하고 빨래도 시키고, 소소한 작은 일들도 아무렇지 않게 부탁을 하고 또 들어 줘야 했던 사람들도 있었다.

옆집 살던 부부는 애들이 다섯인데 방 두 개에서 월세를 사는 모습을 보았다. 나는 전세를 백만 원에 얻었다. 방 한 칸에 타일로 시공된 부엌이 있고 물을 하수도로 흘려보낼 수 있는 것에 감사했다. 집 없는 서러움에 우리 세대들은 얼마나 열심히 살았는가.

내 집을 사는 게 꿈이었던 시절 지금은 뒤도 돌아보고 싶지 않다. 조금씩 모아둔 돈으로 집을 옮겨 다닐 때마다 아이를 업고 이집 저집 돈에 맞는 방을 찾기 위해 종일 동네를 헤매고 다녔다.

집이 없던 서러움에 우리 세대는 그야말로 내 집을 사는 게 1순위였디. 요즘 젊은 세대는 상상 못 할 시절을 살았다.

잘 지어놓은 아파트에 세련된 구조는 옛날에 방한 칸 짜리 살 때 그렇게 그리고 꿈을 꾸던 싱크대가 있고 식탁이 놓여진 집을 많이도 부러워했었다. 지금은 몇 배나 더 고급인 인테리어, 드라마 속에서나 볼 수 있던 우아한 주방도, 욕실도 상상도 못했던 멋진 아파트가 넘쳐난다.

어렵사리 살아온 우리들이나 그 환경에서 잘 자라준 우리 자식 세대들도 대견해 보인다.

머지않아 송도로 입주할 아들도 우리 나이보다 늦은 나이에 집을 장만 했지만 너무도 감사하다. 우선은 집이 있어야 부모들도 안심이 되고 다른 일에도 집중을 할 수 있을 것 같아 뿌듯하다. 지금도 작은 동네 골목길에 지나다가 월세방이나 전세방을 써 붙여 놓은 곳을 그냥 지나치지 못한다. 빼꼼히 들여다보며 옛날의 어려움과 지금의 풍요로움을 비교하며 감사한 마음에 슬며시 가슴에 손을 얹어본다.

나태주시인 문학관

충남 공주시는 밤으로 유명하다.

그런데 언제부터인가 밤보다 나태주 시인이 내겐 먼저 떠오르는 곳이 되었다.

이번 연안문학에서 공주를 다녀왔다. 이른아침 후두둑후두둑 내리는 비를 차창 밖으로 바라보며 나태주 시인의 돌멩이란 시를 버스 안에서 낭송했다. 작은 풀꽃을 떠올리며 부푼 마음으로 두어 시간 후 무사히 문학관에 도착했다.

기대가 커서였을까, 문학관이 너무도 소박해서 실망스러웠다. 그 마음도 잠시 시인을 만난 듯 아기자기한 작은 풀꽃들이 화단에 수도 없이 피어 반겨주었다. 나태주 시인의 말씀처럼 아주 작아서, 자세히 보아야 예쁘고 가까이 볼수록, 더 사랑스러운 꽃들이 작은 뜰 안을 가득 메웠다.

옹기종기 모여앉은 꽃들은 찾아온 손님에게 사랑스러운 꽃 밥상을 차려내듯 마음을 다한 모습이다. 작은 탄성이 여기저기서 터져 나왔다. 야생화의 예쁜 모습만 보아도 나태주 시인을 만난 듯 보고 또 보며 눈길을 자꾸 주었다. 시인의 짧은 글귀에서 자연의 소리를 듣고 마음의 소리를 들은듯했다.

작은 규모의 문학관이지만 시인의 그림과 시로 공간을 알뜰하게 채워져 있었다.

뜰은 대정원을 축소 시킨 듯 많은 꽃이 있고 내부로 들어서면 곳곳에 걸려있는 그림과 좋은 글들은 작지만 크게 다가왔다.

귀한 하루를 선물 받고 돌아오며 나태주시인의 맑고 고운 글들을 떠올려 보았다.

나도 시인님처럼 삶 속의 많은 것들을 글로 옮겨 보리라... 풀꽃 같은 마음을 담고 돌아왔다.

커플옷을 입고

오랜만에 가깝게 지내던 언니를 만나기 위해 약속 장소를 갔다. 잠깐 만나서 커피나 한잔할 생각으로 간단한 옷차림으로 나섰다.

멀리서 보이는 언니의 옷차림이 나와 색깔이 비슷하게 보였다. 여름이니 밝은색으로 입었나 보다 생각했다. 가까이 올수록 불안한 예감이 들었다. 똑같지 않기를 바랬다. 그래도 무늬는 다르겠지, 설마 했는데 아뿔싸 같은 색에 같은 무늬, 서로가 보고 한참 웃었다.

요즘 홈쇼핑 옷들이 많이 나와 같은 옷들이 눈에 띄어도 마주치면 피하고 싶은데 오랜만에 만난 언니도 같은 옷을 입고 나온 것이다.

홈쇼핑 옷을 입고 나와 함께 붙어 있어야 하니

어이가 없어 둘이 웃을 수밖에 없었다.

  신기하기도 하고 우습기도 했지만 그렇게 부끄럽지는 않았다. 금새 같은 옷을 입은 것도 잊고 이야기꽃을 피우고 돌아왔다. 예전에는 옷들이 귀해서 새 옷을 사 입는 게 쉬운 일이 아니었다. 더러는 안 입는 옷들을 주고받고 하며 옷 하나도 귀하게 여기던 시절도 있었다.

  언제부터인가 홈쇼핑에서 대량 구매 할부 가능한 옷들을 편리하게 살 수 있게 되었다.

  마음에 들면 바로 선택해서 주문하면 다음 날로 손에 들어오는 편리한 세상이 되었다. 그러다 보니 같은 옷을 입은 사람을 마주칠 때가 있다.

  그럴때면 왠지 피하게 되고 다음엔 그 옷을 입기 싫어 장롱 구석에 넣어 두었다. 오늘은 웃음을 선사해준 커플 옷 덕분에 언니와 행복한 하루를 보내고 돌아왔다.

엄마와 베지밀

 고향길엔 엄마가 좋아하던 베지밀을 꼭 들고 갔다. 힘들이지 않고도 꿀꺽꿀꺽 삼킬 수 있는 먹거리에 엄마는 만족해하는 눈치였다. 별로 드시는게 없던 엄마는 아마도 베지밀엔 영양이 많을 거라 생각을 하셨는지 끼니를 거른 날에도 베지밀 한 통이면 온종일 먹어 둬야 할 건강식을 다 드신 듯 흡족해 하셨다.

 지금은 베지밀에 가지 수도 다양하다. 견과류에 검정콩에 검은깨에 여러 가지의 곡물을 넣어 영양탕쯤은 먹은 듯 건강에 책임을 지는 베지밀을 선택하기도 어려워졌다. 예전엔 다양하지 않고 주머니 사정도 어려우니 양이 많고 가격이 저렴한 베지밀을 엄마에게 안겨 드렸다. 엄마는 푸짐하게 사 온 베지밀에 행복해하면서도 자식들

돈을 축낸 것에 미안해 하셨다. 엄마의 방엔 끊이지 않고 비슷비슷한 모양의 베지밀들이 줄을 서 있었다.

내게는 그것이 시골 인심이랍시고 아픈 엄마에게 올 때 드릴 수 있는 최고의 선물이라 생각했었다. 그래서인지 조카들도 가까운 친척들도 베지밀이 떨어질 만하면 약속이나 한 듯이 사드렸다. 베지밀은 엄마가 유일하게 자신에게 보조식품쯤으로 호사를 누린다는 자부심으로 뿌듯해 하셨다. 만약에 엄마가 계신다면 대형마트에 진열되어있는 것 중 최고 좋은것을 골라 사드리면 얼마나 흐뭇해 하실지...

어려운 시절에는 무엇이든 여유가 없으니 엄마에게도 넉넉하게 드리지 못했다. 마트에 갈 때마다 다양해진 베지밀에 눈을 못 뗀다. 엄마는 안 계셔도 베지밀에 시선이 자꾸간다

지금도 저 많은 베지밀을 엄마의 방 가득 채워드리고 싶다. 엄마의 주름진 얼굴에 햇살 같은 웃음을 한 번 보고 싶다.

며느리 살이와 시어머니 살이

 구정이 지나고 며칠 후면 엄마의 생신이었다. 도회지에서 살던 나는 일 년에 두 번 정도 친정집을 찾아갔다. 설이랑 엄마 생신을 묶어서 한번 가고, 여름 휴가에 한번 가고, 그렇게 두 번을 고향 집 친정을 갔다.

 휴가 때도 다른 곳을 가 본 적이 없다. 엄마가 계시는 강원도 인제를 휴가 삼아 엄마를 볼 겸 찾게 되니 수십 년 동안 휴가를 친정으로 갔었다.

 오랜만의 친정 나들이에 나는 지친 몸을 잠시 내려놓고 푹 쉬고 싶었다. 게으름도 피우고 엄마가 해주는 밥을 또박또박 받아먹으며 고향의, 친정의, 포근함을 느끼고 싶었다.

 그러나 늘 지쳐 보이고 엄마의 눈에 추레하게

보이던 나를 보면 엄마는 늘 안쓰러워했다.

　엄마는 친정집에 온 딸을 푹 쉬게 해주고 싶지만 식당을 하는 올케도 힘들게 살고 있으니 눈치를 보시는 것 같았다. 내 딸만 위하는 것 같은 미안함에 안절부절하던 모습이었다.

　주방일을 돕지 않던 엄마도 내가 친정집에 가는 날엔 아침부터 일찍 할 일 없이 부엌을 들락날락 하며 올케의 눈치를 보시는 것 같았다.

　올케는 늘 우리가 친정에 가면 버선발로 뛰어나와 맞이해주며 반갑게 맞이해 주었다. 불편함이 없는지 이것저것 마음 써주었다. 그런데도 엄마는 시누이한테 잘하는 며느리에게 미안해하시는 것 같았다. 친정도 오빠가 결혼하기 전이 내 집이지 새사람 들어오는 순간부터는 서로의 마음을 살피고 눈치를 보는 불편함이 생기게 되는 걸 알게 되었다. 그래서인지 엄마는 당신 선물은 안 해도 되니, 작은 것이라도 올케 것을 사 오라 당부하셨다.

엄마의 마음을 이제야 읽게 되었다.

우리 가족만 살 때와 며느리가 들어 온 후로는 나도 며느리의 마음을 살핀다. 부지런한 며느리에 비해 우리 가족들은 느긋한 편이라, 늘 며느리만 동동거리며 가족을 챙겨서 며느리에게 늘 미안하다. 내 마음을 알았는지 이제 아들은 식사 후에 상을 치워주기도 한다.

내 딸도 집안일에 하나씩 거들며 짐을 나눈다. 며느리의 부지런함이 온 가족을 끌고 가는 모습에 대견하고 고마울 뿐이다.

나도 며느리로 살아보았다. '시집살이는 안 시켰다' 어른들은 말씀하시지만 스스로 며느리 살이를 하면서 서러움에 눈물도 흘렸다. 명절에 내게는 친정에 다녀오라는 말씀은 없으시고 당신 딸을 기다리며 대문 밖을 한없이 바라보시던 아버님이 야속했었다. 딸이 도착하면 얼굴에 함박웃음을 지으시던 아버님은 어떤 마음이셨을까.

지금이라면, 나도 한마디 하고 싶다. 나도 친정

가고 싶어요! 엄마가 기다리는 친정에 보내주세요, 그렇게 말이나 해볼 걸 후회가 된다.

　명절에는 시댁 친척들 뒤치다꺼리에 종일 힘을 쏟았고, 방안에서는 시댁 식구들이 모여 즐겁게 웃고 떠들었다. 나는 비좁은 부엌에서 이방인처럼 서러웠다. 입만 삐죽 내밀고 음식만 해 댈뿐.

　며느리 살이를 해보았으니 내 며느리의 마음을 알기에 서러움 없도록 배려하고 상처 없도록 더 살펴야겠다고 생각해 보았다. '시'자라면 시금치도 먹기도 싫다는 요즘 며느리들의 편에 세우지 않기 위해 지금의 어른들은 더 많이 희생하고 배려해서 친정보다 더 편한 시댁 줄에 세워놓고 싶다. 곧 구정이 지나고 엄마의 생신이 돌아오면 엄마 생각이 더 난다. 딸도 푹신하게 쉬게 해주고 싶고, 며느리도 서럽지 않게, 입이 삐죽 나오지 안 나오게. 그 마음을 살피느라 힘들었을 엄마를 떠 올리며 나도 그 마음을 닮아가는 것 같아 마음이 짠 해지는 날이다.

동창회

오랜만에 찾은 고향은 오월의 끝자락이라 더 푸르고 아름다웠다. 엄마도 오빠도 안 계시는 고향에 가면 늘 쓸쓸함과 공허함을 안고 돌아온다.

이번 초등학교 동창 모임을 고향 방태산에서 하게 되어 몇 년 만에 찾게 되었다. 오빠네 집을 들르고 동생네 집에 들러 인사만 하고 긴 얘기도 못 나누고 모임 장소를 찾아갔다. 인원은 많지 않았지만 도시에 살다 방태산의 웅장한 나무들과 숲을 보고 누적된 피로가 풀렸다.

자연이 만들어준 아름다운 숲속과 예쁜 펜션의 하룻밤은 짧아서 아쉬웠지만 백 살까지도 살 수 있는 맑은 공기와 마음을 치유할 수 있는 힐

링을 받고 돌아왔다.

칠십을 바라보는 친구들의 모습은 삶 속에 지친 몸과 느긋해진 마음들이 엿보였다.

밤새워 얘기하고 까르륵까르륵 웃던 젊음은 사라져 보였다. 조금씩 느슨해진 말투와 목주름이 늘어난 모습으로 말수도 예전만 못하다.

누군가 숨죽여 살던 새댁시절 시집살이랑 힘들었던 얘기를 먼저 풀어냈다. 서러움과 풍파 속에 쓰러지지 않고 버텨냈다는 마음의 힘자랑들은 끝이 없었다. 마치 지금은 잘살고 있다는 증거를 풀어 놓는 듯 했다.

세상에 우뚝 서기 위한 몸부림을 온몸으로 느끼게 해주는 슬픈 얘기들이다. 모두 소설 속 주인공인 듯 밤새워 쏟아내도 한이 없을 친구들의 이야기 속에 시간 가는 주도 몰랐던 하루다.

모두 깊은 잠을 못 잤다며 피곤한 몸으로 아침을 먹은 후에도 눕고 싶은 표정이 역력했다. 날씨도 보슬보슬 내리는 비에 마음을 갈팡지팡하게 만들어 모두를 방에 가두려고 했다. 그때 어릴 적에도 부지런했던 한 친구가 하나라도 더 눈에 담아 가지고 가자고 앞장을 섰다. 억지로라도 하나 둘 따라나서며 방태산길을 걷기 시작했다.

깊은 계곡을 끼고 느린 걸음으로 각자 잘 아는 야생화를 찾기 바빴다. 저마다 아는 꽃들을 설명하느라 의견이 분분했다. 생소한 산나물도 찾아가며 이름도 다양하다는 걸 알게 되었다. 질경이, 취나물, 명이나물, 엉겅퀴꽃, 며느리밥풀꽃, 찔레꽃들이 길가에 수없이 많았다. 도시에는 아카시아꽃이 거의 지고 있는데 방태산에는 지금부터 피기 시작하니 참 생소하다는 생각이 든다.

한참을 걷다 보니 몸이 천근만근, 무거워지는 다리에 중간에 주저앉아 쉬고 싶었다. 그래도 친구들은 재촉을 했다. 조금만 더 오르면 마당바위가 있고, 조금만 더 오르면 2단 폭포가 있다고 힘을 내라며 부축인다.

다시 힘을 내 본다. 걷고 또 걷고 드디어 마당

바위에 도착했다. 너무 아름다운 풍경과 맑은 물가에 마당처럼 펼쳐진 바위다. 방태산의 명물임을 자랑하듯 널찍한 마음을 내주는 것 같다.

　많은사람들의 사랑을 받았을 늠름한 모습을 보니 오기를 참 잘했다는 생각이 든다. 폭포의 깊은 물소리와 웅덩이 또한 방태산의 자랑거리가 틀림없다. 갔던 길을 되돌아오며 사이다 맛처럼 톡 쏘고 미원 맛이 나는 것 같은 방동약수터를 찾았다. 약수물도 먹고 작은 물병에 담아 왔다.

　방동하면 유명한 막국수나 소문난 두붓집에 다녀와야 왔다 간 거라고 말 할 수 있는 맛집들이 많다. 길게 주차된 곳을 피해 방태산 막국수집에 들어가 막걸리에 감자전까지 배를 채우고 친구들과 헤어졌다.

　이제는 만나는 횟수도 나오는 인원도 자꾸 줄어든다. 나올 수 있는 건강한 친구들만이라도 동창회에서 오랫동안 보기를 희망해 본다.

파란 단풍, 여름 단풍이 저렇게 에쁜 데, 가을에 오면 더 아름다울 것 같다고 한다. 입을 모아 감탄하던 친구들과 올가을에도 방태산을 다시 찾아길 그 날을 기다리며...

가족들과 일본 여행

 가을 들판에 쑥부쟁이랑 감국꽃이 흐드러져 곱게 핀 계절이다. 날씨도 선선하고 어디론가 떠나고 싶을 때 며느리가 일본 여행을 가자고 했다.
 우리 부부는 아들네 가족 넷과 딸이랑 일곱 명이 일본 오키나와로 떠나기로 했다. 일본은 남편이 가까운 곳이니 나중에 가기로 한 여행지였다.
 나이 들면 쉽게 갈 수 있는 곳이라 여행지로는 맨 뒷줄에 계획한 곳이었다. 그렇지만 자식들이 선택한 곳이라 주저 없이 따라 나섰다.

 오키나와는 일본 남쪽에 위치한 아름다운 섬이라고 했다. 푸른 바다와 자연이 어우러져 관광객들이 많이 찾아오는 인기가 많은 곳이라 했다.
 손주들과 많은 시간을 보낼 수 있어 들뜬 마음

으로 일본으로 향했다. 아들네 식구들은 하루 전에 떠나고 우리는 딸과 다음날 오키나와 시장에서 만났다.

  대형마트에는 먹거리가 많았다. 김밥, 초밥, 돈가스, 회무침 등 한국 마트에 진열된 것과 별반 다를 게 없어 보였다. 저녁거리를 챙겨 들고 베스트웨스턴 호텔로 이동했다. 이동하는 동안에 일본의 거리가 눈에 들어왔다. 고급 승용차는 별로 보이지 않고 소형차들이 많았다.

  주차된 차들도 소형차들이 많았다. 우리나라는 고급 승용차들과 화려한 몸집을 자랑하는 외제차들이 부의 상징인양 대로를 달리고 소형차는 드문 게 현실이다. 일본과는 비교가 될 정도다. 일본인들이 검소하다는 얘기는 들었어도 눈으로 확인하니 더욱 놀라울 뿐이다. 숙소 또한 불편함을 찾을 수 없고 정갈함이 눈에 띈다 갖가지 시스템도 칭찬할 만했다. 다음날 머문 중부의 아메리칸 빌리지 숙소도 빈틈없는 셋팅에 일본인들의 완벽하고 섬세함에 많은 것을 생각하게 했다. 숙소에서 나올 때는 잘 정리하고 나왔다 한국인들에 대해 잘못된 인상을 심어 줄까 봐 다른 나라에서 보다 더 확실한 뒷정리를 하게 되었다.

다음날 오키나와에서 꽤 유명하다는 북부 츄라우미 아쿠아리움을 찾았다. 그러나 큰 실망을 했다. 우리나라 제주도에 한화 아쿠아리움이 더 멋있고 규모도 크고 세련되었다. 그에 비하면 츄라우미는 낡고 초라해 보이기까지 했다. 제주에 있는 아쿠아리움을 떠올리며 한국인이라는 자부심이 들기도 했다.

저녁에는 일 년에 한번 열리는 할로윈데이에 손주들과 동참을 했다. 가장 무섭고 최고로 악마 같은 모습으로 연출한 젊은이들이 거리로 쏟아져 나왔다. 외국에서 행사하는 할로윈데이는 말로만 듣고 텔레비전에서만 보았다. 도깨비, 귀신으로 변장한 모습으로 어른들은 뒤로 물러났지만 손주들은 신기해하며 즐겼다. 초콜릿을 나눠주고 기념 촬영도 해주고 어린이들한테 사진도 찍어주며 친절하게 대해주는 젊은이들에게 좋은 인상을 받았다

 다음날은 음식 문화를 알아보려고 나하 시내로 나갔다. 오전 11시 30분쯤 맛집을 찾아갔는데 문이 잠겨있었다. 입구쪽 안내판에 보니 12시에 연다기에 길에서 기다리기로 했다. 정확한 시간에 문을 열어주는 것도 생소했다. 우리나라에는 열어 줄 수도 있었을 텐데 일본은 정확했다. 여러 가지 음식을 시켜 먹었다. 다른 나라보다는 거부감이 덜해서 좋았다.

 한국에서 온 걸 알고 음식 옆에 태극기와 일장기를 꽂아 셋팅해 주는 모습에 감사한 마음도 들었다. 많은 것을 보고 먹고 체험하고 느껴본다. 당연히 우리나라와는 다르다는 것을 알 수 있었다. 숙소로 들어오기 전 돈키호테 기념품 가게를 들렀다. 일본에 가면 많이 사온다는 동전파스 꼬

마파스와 선물 몇 가지를 샀다. 택시 잡기가 어려워 숙소에 남아 있던 아들이 데리러 와줘서 편안하고 안전하게 여행을 마무리했다.

이번 여행의 의미는 우리 부부 결혼 40년 차, 아들네 10년 차 합해서 오십 년 기념 자축여행을 한 셈이다. 길지않은 여행이었지만 이번 여행을 통해서 일본과 우리나라를 비교도 하고 배울 점이 있으면 받아들였으면 좋겠다는 생각이 들었다. 일본인들의 친절과 검소한 국민성을 알게 해준 작은 가르침을 얻은 여행이었다.

외손녀와 나들이

아침저녁 선선한 바람이 숨통을 트이게 한다.

여름에는 대문 밖에 나갈 엄두도 못 내고 거의 집에서만 시간을 보냈다. 시원해졌으니 외손녀와 남편, 딸이랑 근교 어디라도 가려던 차에 딸이 일산에 있는 아쿠아플라넷에 가자 했다. 간단하게 점심을 먹고 길을 나섰다.

집에서 삼십 분 거리에 있으니 부담 없어 편한 마음으로 떠났다. 14개월 된 손녀는 멀미를 하는지 칭얼거리기 시작했다. 그래도 먼 거리가 아니라 다행으로 생각하며 도착하기를 기다렸다. 서울 근교에 있는 최적의 명소로 주말엔 발 디딜 틈도 없이 복잡한 곳이지만 평일에는 한가롭게 즐길 수 있어 좋았다. 첫 입구부터 작은 수조 안에서 자유로이 움직이는 많은 어류들이 손녀의 마음을 움직이게 했다. 책 속에 그림으로만 보던 상어, 가오리, 해파리 등이 눈에 보이니 말은 못 하지만 눈에 담고 무슨 생각을 했을지 궁금하다.

수조 터널 위로 보이는 잠수복을 입은 청소부는 청소라기보다 한편의 공연을 하는 듯 손을 흔들어 주었다. 관객들도 손을 흔들어 주며 신기한 광경에 즐거운 표정을 짓기도 했다. 2층에 올라가니 메인 수족관에는 어마어마한 고기들과 사람처럼 웃는 모습의 대형 가오리가 눈길을 끌게 했다. 넓은 수조 안과 밖에 작은 장치의 무대 시스템으로 연결해서 화요일에는 말괄량이 인어공주가 수조 안에서 멋진 공연을 보인다. 화려한 의상과 멋진 동작으로 어른들과 아이들 모두 환호성을 지르게 했다.

오밀조밀 꾸며진 동선을 따라 곳곳의 아기자기한 환경은 깊은 산속에 있는 듯하다. 바위를 타고 흘러 내려오는 폭포수의 아름답고 시원한 물줄기는 여름을 즐길 수 있고 다양한 분위기에 취하게 했다. 중간중간에 새들도, 나무늘보의 게으름도, 거북이에게도 밥을 주는 모습도 보였다.

조련사의 능숙한 솜씨로 잘 길 들여진 모습은 관객들에게 웃음을 주고 발걸음을 멈추게도 했다. 한편에는 추억을 저장할 포토존도 잘 만들어져 있어 다들 사진 찍느라 분주한 모습이었다.

3층에는 바다코끼리 메리가 있는데 덩치는 놀랄 만큼 크다. 그렇지만 사람을 좋아하고 관심 받는 걸 좋아해서 커다란 덩치로 공을 갖고 놀기도 했다. 기분이 좋으면 물까지 뿜어내며 활발한 모습에 인기가 최고라고 한다. 일산의 연예인이라는 유명세를 탄다고 한다.

5층에는 동물들이 많이 있는데 더운 여름에는 어떻게 살았을까 궁금해졌다. 조랑말, 염소, 양, 토끼, 규모는 작아도 아이들이 잠깐 돌아보며 먹이를 줄 수도 있는 체험 공간인 듯 하다.

작은 동물들과 수족관을 한 번에 관람할 수 있는 곳이어서 아이들과 한 번쯤 다녀오는 장소로 추천할 만한 곳이다. 멀리 가지 않고도 좋은 경치를 본 듯 잘 만들어진 풍경과 폭포수.

제주도에 갔을 때는 한화 아쿠아리움에 반해서 비싼 입장료를 냈어도 아깝지 않았다. 그에 못지않게 가까운 곳에서도 이렇게 손녀와 볼 수 있어 좋았다. 특히 한 곳에서 다양하게 볼 수 있다는 게 행운인 것 같다.

신선한 가을바람 시작되던 날, 손녀와 함께하는 소확행을 얻은 기분이다. 손녀딸이 더 자라서 궁금한 것들이 많아지면 한 번 더 어릴 때의 추억을 만들어줘야 할 것 같다.

봄날은 지금이니까

전애옥 수필집

발 행 일 2025년 7월 24일
지 은 이 전애옥
발 행 처 도서출판 코레드
　　　　　 서울시 중구 을지로 16길 39 근화빌딩 4층
　　　　　 T. 02-2266-0751 F. 02-2267-6020

ISBN 979-11-89931-95-7

값 13,000원

---

* 이 책의 내용을 전부나 일부 재사용하려면 저작권자와
　 도서출판 코레드 양측과 협의하여 주시기 바랍니다.
* 파본은 구매 서점에서 교환하여 드립니다.